LES SCÈNES DE MA VIE

Marthe Keller

LES SCÈNES DE MA VIE

Les Presses de la Cité

Cet ouvrage a été écrit en collaboration avec Élisabeth Samama.

Les Presses de la Cité, un département Place des Éditeurs
92, avenue de France – 75013 Paris

ISBN 978-2-258-20562-8
Dépôt légal : mai 2024

À Charlotte et Joséphine

J'ai 20 ans, je viens de jouer sur une scène de théâtre en public pour la première fois. J'ai arrosé ça avec mes camarades de la troupe de Heidelberg. Au volant de ma vieille Volkswagen, je fonce dans l'obscurité vers Waldorf. Au loin, j'aperçois un gyrophare sur le bas-côté. Toujours le pied sur l'accélérateur, je coupe les phares avec l'idée que les flics ne pourront pas lire ma plaque d'immatriculation, je braque sur un chemin forestier et je guette leur départ. Je suis lessivée. Je viens d'interpréter le rôle d'Amalia dans *Les Brigands*, de Schiller, et j'ai été nulle.

À 3 heures du matin, arrivée chez moi, je titube jusqu'au téléphone. J'appelle la rédaction du *Rhein Ruhr Zeitung*, le journal régional.

— Allô, je voudrais le service culturel, s'il vous plaît.

Bizarrement, on me le passe.

— Je m'appelle Marthe Keller, je suis comédienne et j'interprète Amalia au Théâtre de la Ville. Vous pouvez me lire la critique du spectacle avant qu'elle paraisse ?

Au bout du fil, le type ironise :

— Vous voulez vraiment savoir ?

J'insiste. Je retiens une phrase du papier, globalement élogieux : « Pour le bien de la pièce, le rôle d'Amalia aurait dû être coupé. »

Le chat de la cantine ne m'a pas aidée. Il s'est glissé sur scène pour se frotter à mes chevilles quand je suis entrée en scène. Fou rire de la salle. Puis j'ai commencé à dire mon monologue. Nouveau fou rire. À l'époque, les danseuses classiques respiraient haut, entre les clavicules, et j'avais fait mes débuts dans la danse à l'âge de 8 ans. En public, le trac n'aidant pas, ma voix est sortie à une hauteur suraiguë, avec un timbre insupportable.

Le lendemain, au théâtre, on m'attend pour m'annoncer ce que je sais déjà, la critique sur ma prestation est désastreuse. Impossible de me virer aussitôt : je dois assurer les rôles dans lesquels j'ai été distribuée pour la saison. C'est quand viendra le moment de décider de mon avenir qu'on m'annoncera gentiment :

— Tu es très sympa, mais tu n'as aucun talent. Tu devrais chercher autre chose, un autre métier.

Pour la promotion de *Marathon Man*, dix ans plus tard, je suis installée dans une chambre de palace new-yorkais où les journalistes se succèdent à une cadence soutenue. Lors du dernier entretien de la journée, je n'en peux plus de répéter toujours la même chose. À une question sur mon enfance bâloise, je réponds que mon père est alcoolique et que ma mère nous a abandonnés très jeunes, mon frère et moi. Il y a tellement de comédiens qui viennent de familles brisées, je dois être à la hauteur. Je trouve mon bobard assez chic. Très vite, j'avoue la vérité sur mes parents irréprochables au journaliste de *The Village Voice*. Dans son papier, il révèle toute l'histoire : comment j'ai craqué et raconté n'importe quoi parce que je m'ennuie ferme à la énième interview.

À l'évidence, raconter ma vie n'était déjà pas ma tasse de thé. Et écrire sur soi ? J'ai toujours douté de l'entreprise. J'ai organisé ma vie pour préserver ma liberté. Je ne veux pas être nue. Je ne veux ni me vendre ni me justifier. Alors, ce livre, je me demande comment l'écrire et en dire le moins possible. Comment se raconter tout en restant discret. Comment garder un peu de mystère. Comment écrire quand on n'est pas écrivain et qu'on admire avant tout les écrivains. Quand on déteste l'échec. Je me suis dit que j'abandonnerais peut-être avant la fin.

Le travail avec Philippe de Broca, avec Billy Wilder, avec Patrice Chéreau, avec Al Pacino. La chance de les avoir rencontrés, je voulais en parler. Broadway, le Met, Avignon, Salzbourg aussi. Les mauvais films, les fous rires sur scène, pourquoi pas ? La mélancolie, la Russie, Tchekhov, je voulais en parler, c'est sûr. J'ai pensé : je veux parler du métier. Rien que du métier. Et j'y voyais déjà plus clair.

J'ai travaillé comme prof pendant trois ans dans une école de théâtre à Lausanne. La formation, les études, la culture, ce sont des questions qui m'ont hantée durant ma propre jeunesse. Dans un mélange de soif de connaissances, d'envie de dépassement et de complexes bien enracinés. Régler cette affaire d'apprentissage, de savoir, en la questionnant vraiment, c'est sans doute ce qui me guidera dans ce livre. Raconter ce que j'ai appris des autres pour apprendre aux autres.

Voilà pourquoi j'ai commencé par mon échec dans *Les Brigands*. Pour dire d'entrée de jeu aux jeunes comédiens : si vous aimez vraiment ce métier, si vous vous sentez profondément inspirés, si vous êtes prêts à énormément travailler et, surtout, si vous n'avez pas peur des refus, allez-y.

J'ignore si on peut se représenter l'ennui d'une enfance en Suisse quand on ne l'a pas vécu. À Bâle, le confort, le douillet finissent par être usants. La détestation de notre terre natale a inspiré quelques chefs-d'œuvre à mes compatriotes, notamment l'incomparable *Stiller* de Max Frisch. L'ennui, Frisch l'appelle la « répétition ».

Dans mes jeunes années, le dimanche, ma mère m'installe à la fenêtre de l'appartement. Il faut bien passer le temps et se distraire sagement. Tout est chaleureux, chez nous. Ma mère est pleine d'attentions. Elle veut que je sois commodément installée pour regarder les passants et la circulation pendant qu'elle s'affaire dans la cuisine. Alors, elle me tend un oreiller, un appui pour mes coudes, afin d'éviter les rougeurs. Je reste là durant des heures. C'est assez inspirant, des expériences aussi moroses. J'ai envie de tuer tout le monde. Heureusement, il y a d'autres dimanches.

En fin de semaine, ma mère donne parfois un coup de main à ses parents. Ils possèdent un beau restaurant à Bâle, sur les bords du Rhin. C'est la plus vieille auberge du coin. Un gros four en céramique verte, des caissons de bois au plafond, et dehors, au bord de l'eau, une cabane de pêcheur. On dit « *Galgen* », chez nous. J'y vais pour me raconter des histoires. J'attends le bateau qui fait la navette entre le grand Bâle et le petit Bâle. Le passeur est un ami de la famille. Il m'embarque. Je prends la pose, les yeux fermés derrière mes lunettes de soleil en plastique. Je laisse traîner une main dans l'eau fraîche. De l'autre, je bois une gorgée de Vivi Cola, j'imagine que c'est du champagne. Je suis sur un yacht et je parcours les mers. Tout ce que je veux, c'est accéder à d'autres mondes.

Et l'occasion se présente. Toujours avec l'intention de m'occuper, mon grand-père m'emmène voir une adaptation de *Heidi* au théâtre. Sur scène, les comédiens sont entourés de chèvres. J'adore les animaux. J'ai trouvé ma vocation : comédienne au milieu des bêtes.

Moi-même, j'ai été élevée comme un cheval. Avec beaucoup de liberté et une longe de sécurité. Logique. Aux portes de la ville, mon père travaille dans un haras. Il part avant le lever du jour pour entraîner ses chevaux et ceux des autres en vue de concours hippiques. Il donne des cours : saut et dressage. Et quand je prends mon petit déjeuner, je le vois qui revient, en selle, au milieu de l'allée de châtaigniers, avec des fleurs et des cerises dans un panier.

Après l'école, je vais jouer dans le foin des écuries avec des chatons à peine nés. Ou me baigner à la piscine municipale. Ma mère me donne un bretzel et l'éternel Vivi Cola. J'aime bien l'endroit. Très classe. Il y a deux bassins, l'un mixte, l'autre réservé aux femmes. C'est celui que je choisis.

Aucun garçon pour te reluquer ou se moquer de ton maillot pas assez rempli. Je m'allonge à l'ombre avec un livre. Et je ne suis pas si mal, en fait. Être seule, j'ai l'habitude. Chez moi, on n'invite pas de copines, mon frère est mon aîné de sept ans. Et, de toute façon, jusqu'à la fin de l'adolescence, je crois que je n'aurai rien à dire à personne. Dans ma tête, il n'y a alors que les mots des livres et une obsession : la danse.

Le temps ne passe qu'à la barre fixe. J'ai oublié le théâtre et ma vocation initiale. Dans mes chaussons, j'écris « Gigi ». C'est mon identité clandestine. Gigi, comme Leslie Caron. Gigi, ses robes écossaises et son clin d'œil ravageur. À cette époque, dans ma chambre, je ne suis plus que pointes. Pointes à toute heure, quoi qu'on me dise et quoi qu'on fasse. En vacances, tandis que ma grand-mère me parle, j'exécute mes pliés et mes positions de pieds sous la table du déjeuner. À la première note de musique, j'enchaîne pirouettes et arabesques. Une nuit de Nouvel An, alors que la radio diffuse une valse dans l'appartement familial, je m'empare du gros jambon qui repose sur le plan de travail de la cuisine, je colle ma joue contre sa chair tiède et tendre, je tourne avec mon cavalier improvisé. À 9 ans, cette expérience me semble d'une sensualité incomparable.

Je file à l'école de danse tous les après-midi. Parfois, je suis les stages de Boris Kniaseff, un maître de ballet qui ne plaisante pas avec l'ouverture des pieds à 180 degrés. Une ouverture qui devient une seconde nature, si on veut bien contraindre le bassin à l'extrême. Alors, la nuit, je dors les pieds coincés sous un meuble, avec des dictionnaires sur les genoux pour assouplir ce foutu bassin. J'ai compris que la douleur fait partie du contrat, et il ne me viendrait pas à l'idée d'envier les filles aisées qui mettent des petits bouts de veau cru dans leurs chaussons pour soulager leurs pieds. Jamais je ne songe à me révolter contre les coups de bâton derrière les genoux destinés à corriger nos fautes. J'apprécie l'obéissance exigée par nos maîtres. J'aime un peu trop ce qui est douloureux parce qu'il n'y a que de la douceur dans notre foyer. Pendant huit ans, j'aspire à la contrainte. Et je respire mes chaussons avec volupté, odeur de colle à l'acétone, de cuir et de poudre mêlés.

Trois soirées par semaine, nous nous produisons sur la scène réputée de la ville. Wazlaw Orlikowsky, célèbre chorégraphe, a perpétué la tradition russe des ballets du grand répertoire auprès du public suisse. À minuit, je prends le tramway pour rentrer chez moi, la tête pleine des notes de Britten, Prokofiev, Tchaïkovski. Je suis très musicale et disciplinée. Le haut du corps est parfait selon mes professeurs, toujours en place. Cependant, malgré les dictionnaires sur les genoux, je n'ai toujours pas assez d'en-dehors. Et, une fois sur les pointes, je suis trop grande. Je dois apprendre à tricher très tôt pour compenser ces défauts, et à redoubler d'efforts. Une exigence qui me sera utile quand je commencerai à jouer dans des langues que je maîtrise à peine. Mais je suis destinée à rester dans le corps de ballet, sans espoir de devenir un jour danseuse étoile. Ce qui me va très bien. J'aime me fondre dans la musique, être derrière la musique, à son service. J'aime la camaraderie, la complicité entre les danseuses, et on me le rend assez bien. J'aime la familiarité bienveillante des habilleuses et du portier. Le corps de ballet avec son esprit collectif comble ma jeunesse solitaire.

La danse, c'est aussi la distraction des dimanches d'été. Déjà, quand j'avais 5 ans, mon père me faisait tournoyer sur la piste. Mon frère m'achète ma première robe de bal grâce à un boulot d'étudiant dans une quincaillerie. Elle est vert pâle, avec des nœuds, et beaucoup de plis qu'on fait tenir en plongeant le jupon dans de l'eau sucrée. Aux pieds, on porte des ballerines avec de ridicules petits talons. Chez nous, on appelle ça des « *pumps* ». Et pour se rendre au thé dansant, ma cousine et moi, on marche à côté de nos vélos afin de ne rien abîmer de notre tenue. On danse le cha-cha-cha dans une salle qui jouxte le jardin zoologique. Nos partenaires sont les Italiens du bâtiment. Des gars pas très grands qui ne parlent pas un mot d'allemand et qui bougent comme des dieux. Au loin, on entend les barrissements des éléphants quand la musique s'interrompt quelques minutes. Avant la nuit, on repart sur nos vélos. On se fiche bien de l'allure de nos tenues, maintenant.

Dans mon contrat avec le Kinder Ballett, on a bien stipulé que le ski était interdit. Et quand nous partons un mois par an en classe de neige avec le lycée, je devrais m'abstenir de dévaler les pentes avec mes copines. Un accident me vaut un ménisque en bouillie à 16 ans. Les pointes, c'est fini.

Je traîne dans les couloirs du Kinder Ballett sans savoir quoi faire de ma peau, incapable de quitter cet endroit, où j'ai enfin trouvé un remède à la vie bâloise, tellement rasoir. Les salles de danse sont au-dessus des cours d'art dramatique. Je change d'étage. Je demande à passer une audition au directeur du théâtre.

Mes parents n'interviennent jamais dans mes choix. J'arrête la danse pour le théâtre. Soit. La question d'un avenir assuré par des études classiques ne leur traverse pas l'esprit. Mes parents sont épris de liberté avant tout. Et n'entendent pas en priver qui que ce soit. C'est la guerre qui leur a appris ça.

À 18 ans, mon père avait quitté l'Allemagne avec un vélo et un passeport en poche. Direction la Suisse. Depuis la ferme familiale, il voyait bien que ça ne tournait pas rond dans son pays. Il entendait les discours des hommes du parti national-socialiste à la radio et il n'y voyait rien de bon. Il a tout plaqué sans un sou en poche, sans réfléchir. C'était un jeune homme avec un sens profond de la justice, incapable de compromis. Il avait l'habitude d'une existence rude et rien ne lui faisait peur, en dehors de la folie de Hitler et de ses complices putschistes. En fils de paysan, élevé à la dure, il avait l'habitude de couper du bois avant d'aller à l'école et d'effectuer les tâches de la ferme en rentrant. Il connaissait tout de la nature, de la terre, des animaux. À peine arrivé en Suisse, il a trouvé un boulot dans un domaine agricole ; il y avait des écuries et il s'est pris de passion pour les chevaux. La guerre, il n'en parlait pas. Mais j'en savais assez pour être fière de lui.

Un soir, on nous a annoncé la visite d'un de ses frères. J'avais 7 ans. Les derniers prisonniers allemands en Russie venaient d'être libérés. Mon oncle en faisait partie. Après le dîner, on m'a envoyée au lit, mais j'ai préféré me cacher derrière la porte de la cuisine pour épier la conversation des adultes. J'ai entendu mon oncle engueuler mon père. Il lui reprochait son départ de leur pays natal. Il disait : « Qu'est-ce que tu crois ? C'était facile de partir ! C'était autre chose de rester pour aider notre mère à la ferme, de sauver notre peau tout en restant intègres. » Mon père écoutait sans se défendre. Et moi je me disais que j'aurais fait comme lui, je serais partie. Des années plus tard, j'interpréterais une scène, en tous points identique, dans *Amnesia* de Barbet Schroeder, où une Allemande reprocherait à mon personnage d'avoir fui l'Allemagne pour Ibiza. C'était étrange de jouer cette scène si proche d'un des souvenirs fondateurs de mon enfance.

À la fin de sa vie, après deux accidents graves de cheval à vingt ans d'intervalle, puis un AVC, mon père dépérissait dans un institut médicalisé. Voir cet homme très sportif en morceaux, invalide mais lucide, c'était un crève-cœur. La veille de sa mort, il m'a demandé de l'emmener chez le kiné. J'ai poussé son fauteuil roulant à travers les couloirs et dans l'ascenseur. Alors que j'allais me retirer pour le laisser à sa séance de rééducation, il m'a dit :

— Non, reste là.

Et je suis restée, à le regarder fournir des efforts considérables pour retrouver un semblant de motricité. Le kiné encourageait son patient :

— Plus haut, plus haut le bras, monsieur Keller.

Mon père a souri et a dit :

— Déjà à l'époque je ne pouvais pas le lever plus haut.

C'est la dernière phrase que je l'ai entendu prononcer. Et je me suis dit : *C'est une chance qu'il ait toujours refusé de faire le salut des salauds, il m'a évité l'horreur d'être une fille de nazi.*

Je ne connaissais que trop bien les ravages de ce genre d'ascendance. À 16 ans, ma meilleure amie a découvert que son père était un ancien nazi. Elle ne s'en est jamais remise. C'était une fille douée pour tout, drôle, brillante, et elle était comme ma sœur. Elle était comédienne, l'une des meilleures. Elle écrivait aussi. Nous nous étions très vite distribué les rôles dans notre amitié, j'étais la fille superficielle qui réussissait et elle, la profonde, qui se cherchait. Elle répétait souvent qu'elle se suiciderait comme le poète Robert Walser, en marchant dans la neige jusqu'à l'épuisement. Un jour, elle était venue assister à la première des *Dialogues des carmélites*, que je mettais en scène à l'Opéra national du Rhin de Strasbourg. Après la représentation, elle m'est tombée dans les bras, en larmes, bouleversée par le sort de Blanche, cette religieuse menée à l'échafaud pendant la Révolution. J'ai plaisanté sur l'idée que cette histoire datait de plus de deux cents ans et que là, maintenant, on allait boire un verre et rire. Mais, rien à faire, elle a prétendu vouloir rentrer à l'hôtel. Pendant deux semaines, on a cherché mon amie. C'est une cavalière qui l'a trouvée dans la forêt, non loin du banc où je m'asseyais pour travailler à ma mise en scène, à côté d'un monastère. Mon amie est morte en 1999 sous la neige. Depuis, je n'aime plus vraiment la neige.

Ma mère, elle, était née en Suisse. Pendant la guerre, comme c'était l'usage depuis toujours, elle passait la frontière pour faire ses courses en Allemagne. Mais il était devenu interdit de s'approvisionner chez les commerçants juifs. C'était écrit partout. Alors, elle prenait un malin plaisir à n'entrer que dans les magasins affublés des placards antisémites. À Bâle, comme partout en Suisse, on savait les risques constants d'une invasion allemande, et certains s'y préparaient avec zèle. Chez le coiffeur du quartier, on tenait une liste des femmes à dénoncer au cas où la situation tournerait mal. Ma mère était en tête de cette liste noire des provocatrices.

Ces deux jeunes gens intraitables quant à leur libre arbitre, mon père et ma mère, étaient faits pour se rencontrer, pour s'aimer et se marier. Avant la cérémonie, une visite médicale était obligatoire à cette époque. On a découvert que ma mère était atteinte de la tuberculose. Son état était très préoccupant. Le médecin a conclu :

— Vous devez partir en sanatorium au plus vite. Je vous laisse juste le temps de faire votre valise.

Mon père a vendu son vélo pour acheter un Solex. Une fois par semaine, pendant un an, quand il était de repos, il est venu poser sa main sur celle de sa fiancée, séparé d'elle par la vitre qui isolait les malades contagieux des visiteurs. Il roulait six heures sur son Solex aller-retour, par tous les temps, pour ne jamais manquer ce rendez-vous. Beaucoup de compagnes de ma mère sont mortes. Pas elle. Les visites de son futur mari y sont peut-être pour quelque chose. Quand on sait qu'on est le fruit d'un tel amour, d'une telle patience, d'une volonté aussi inébranlable, on se dit que ce n'est pas un accident.

Enfin, ils se sont mariés et, pendant six mois, le temps que mon père obtienne la nationalité suisse, ma mère a eu un passeport allemand. Elle détestait cette idée. Elle était poursuivie par cette colère contre les Allemands. Au point que le jour de mes 20 ans, elle m'a fait asseoir sur une chaise. Elle avait quelque chose à me révéler et ça ne pouvait plus attendre. Le ton était très solennel. J'ai aussitôt pensé : *Elle va m'annoncer que mon père n'est pas le mien.* Elle m'a confié :

— Ne le dis à personne parce que je n'en suis pas sûre, mais je pense que tu es juive.

L'histoire de cette origine remontait, selon elle, à sa propre grand-mère. Je lui ai répondu :

— Mais pourquoi ne le dire à personne ? Pour une fois qu'il se passe quelque chose d'intéressant dans cette famille !

Des années plus tard, alors que je suis à Cannes, j'appelle ma mère pour prendre de ses nouvelles. Elle semble très pressée, ailleurs. Un taxi l'attend en bas de son immeuble.

— J'en ai marre de Bâle, j'en ai vraiment marre. Je pars, là, je suis désolée, je n'ai pas une seconde à t'accorder.

Ma mère a 92 ans.

— Mais tu pars où ?

Elle m'explique, comme à une petite enfant :

— Je prends le taxi pour la gare de Bâle, à la gare je prends le train pour Zurich, à Zurich je prends l'avion jusqu'à Moscou, et après un bateau pour Leningrad. Avec quatre filles.

Je les connais, ses copines, la plus jeune a 89 ans ! Alors je lui demande :

— Pourquoi la Russie ? Tu n'as pas trouvé une destination plus proche pour tes vacances ?

— Mais tu sais bien qu'on vient de là-bas.

L'amour de la musique, je le dois à mes parents. L'amour des livres, c'est différent. Dans ma jeunesse, je pensais avoir tout compris de mon goût pour la mélancolie, de mon désir d'aller ailleurs, de fuir la Suisse : trop d'amour et pas assez de culture à la maison.

Mes parents lisaient peu, ne parlaient pas de politique, ils parlaient peu de manière générale, préférant s'en tenir à l'essentiel. Ils savaient où était le curseur de l'insupportable et ils avaient agi en fonction de ces convictions pendant la guerre. Après ça, à quoi bon disserter sur ce qui allait de soi : le respect d'autrui et de la liberté individuelle. La xénophobie, l'homophobie, la peur de l'immigration, la condamnation des liens hors mariage, de l'avortement, les principes bourgeois ou religieux, ce n'était vraiment pas leur truc. Si je ne voulais pas aller à la messe de Noël, pas de problème, je n'avais qu'à en profiter pour dresser la table. Et si j'y allais, c'était pour le plaisir d'exhiber mes gants et mon bonnet tout neufs.

Mes parents n'appréciaient vraiment que la nature, la musique et leur foyer. Construit à leur image, dans un mélange d'austérité et de chaleur humaine. Chez nous, pas de téléviseur, pas de téléphone, pas de sofa. Ce qui nous épargnait les conversations interminables, on avait rapidement mal aux fesses sur les chaises de la cuisine. Mais il y avait un poste de radio, constamment allumé pour écouter des concerts classiques. On aimait le « Wunsch Concert », des auditeurs appelaient pour réclamer un morceau. Parfois, une mélodie nous touchait plus qu'une autre. La beauté créait une complicité muette entre nous. Tout à coup, ma mère arrêtait de repasser, mon père souriait et mon frère laissait tomber son stylo. Autour de la table familiale, on cultivait l'humour vachard. On aimait se moquer des frimeurs, des gens un peu étrangers à notre système de valeurs simples. Mais mes parents ne se posaient jamais la question du bonheur. Si on l'avait interrogée sur ce sujet, ma mère aurait éclaté de rire.

Pour moi, dans l'enfance, le bonheur c'était d'échapper à la morosité des jours qui se ressemblaient tous. Je m'étais persuadée que les gens riches étaient plus intelligents que les autres parce qu'ils avaient des bibliothèques bourrées de chefs-d'œuvre, un piano, un sofa. Et un ascenseur ! L'ascenseur, c'était tout ce qui manquait à notre vieil immeuble pour être digne de mes rêves de grandeur. Je me souviens d'un flirt auquel je demandais, quand il me raccompagnait le soir, de me déposer devant un HLM pourvu du fameux ascenseur. Plus jeune encore, j'étais devenue la meilleure amie d'une fille dont la famille était fortunée. Je voulais tout faire comme elle, être Béatrice, ce modèle de savoir-vivre et d'aisance. Elle avait un *beauty case*. Et ça suffisait à mon admiration inconditionnelle. C'est pour l'imiter que j'ai commencé la danse. Rien ne me plaisait davantage que d'être invitée dans le grand salon de Béatrice. Parfois, ce détour de classe me valait de sanglantes humiliations. Un jour, dans un autre salon, chez une autre camarade, je buvais mon thé avec la cuillère dans la tasse : la maîtresse de maison me l'a enlevée d'un air navré en m'expliquant ma faute de goût.

La honte sociale, c'était confus dans ma tête, mais s'y mêlaient la cuillère à poser sur la soucoupe, l'ascenseur et la capacité à discuter des derniers romans parus. Mes parents se satisfaisaient de leur sort avec une joie constante. Et je leur en voulais, même si je les ai tant aimés. Je désirais apprendre. Tout savoir. Autant pour ne jamais être prise en défaut que pour ressentir quelque chose d'un peu intense.

Aujourd'hui encore, je peine à m'expliquer pourquoi, à l'adolescence, j'étais si remontée contre la simplicité de mes parents. Pourquoi j'étouffais sous leur amour, pourtant retenu, sans effusion, et si respectueux de mon intimité.

Ma mère avait un teint pâle, elle ne supportait pas le soleil ; mon père, à l'inverse, était toujours bronzé, à travailler en plein air. Une fois, quand j'avais 14 ans, lui et moi sommes partis en vacances en Italie. L'hôtel était charmant, le fils du propriétaire encore plus. Un soir, Bruno a demandé l'autorisation à mon père de m'emmener au cinéma.

— Bien sûr, a répondu ce dernier.

Pour s'y rendre, Bruno a pris la route de la corniche en Vespa. On s'est arrêtés, on est descendus marcher sur la plage. C'était d'un romantisme parfait. Jusqu'au moment où il m'a plaquée contre un rocher. Dans l'énervement, il a arraché ma robe et ma banane postiche. Je me débattais. Je hurlais. Je m'en suis sortie.

Mon père, assis sur le muret de l'hôtel avec sa bière et son journal, m'a vue arriver en larmes, la robe déchirée, la coiffure défaite. Il a tout compris au premier regard. On avait frôlé la catastrophe, mais j'étais indemne. Il ne voulait pas humilier sa fille en parlant de sexe. Il s'est contenté de dire :

— Je crois qu'on va changer d'hôtel demain.

C'est ce qu'on a fait, et il n'a jamais ajouté un mot sur ce sujet.

Si je n'ai pas voulu me marier, c'est sans doute que je n'ai jamais trouvé un homme à la hauteur de mon père. Il était le seul à savoir vous accorder en même temps protection et liberté. Il adorait ses enfants. Plus tard, il a écrit un livre à usage familial sur moi, sur ma jeunesse et sur mon parcours d'actrice. Il l'avait intitulé : *Ma petite*. Est-ce que c'est bien d'être autant aimée par ses parents ? Oui ! C'est important, l'endroit d'où l'on vient. J'étais si émue par l'affection que mon père et ma mère me prodiguaient que rien ne pouvait vraiment me déstabiliser. Pas même l'arrêt de la danse. J'étais timide, maladroite, mais forte.

À Bâle, le dramaturge du Théâtre de la Ville, le directeur d'acteurs et un metteur en scène me font passer ma première audition. J'ai préparé le monologue de Viola dans *La Nuit des rois*. Le directeur d'acteurs me dit :

— C'est délicat d'évaluer le talent d'un débutant. Je ne peux pas te dire si tu es faite pour ce métier, on ne le saura qu'après des années de travail.

Bien que je sois complètement novice, mes examinateurs décident que j'ai « quelque chose ». Chaque année, la ville décerne une bourse, et je l'obtiens. Elle me vaut d'aller apprendre le métier de comédienne à Munich.

Là-bas, durant près de deux ans, je suis à l'école de théâtre la plupart du temps. Afin de gagner ma vie, je pose pour des photographes et on me voit dans *Vogue*. Mais la grande affaire de mon existence munichoise, c'est l'amour et la découverte d'une jeunesse survoltée qui doit affronter sa mémoire honteuse. Je suis tombée amoureuse d'un acteur spectaculaire de beauté blonde. Il s'appelle

Christian Doermer. Il a déjà remporté un prix du jeune espoir. Mais il a abandonné sa carrière pour se consacrer à la sociologie. Et il est sociologue, disciple de Jürgen Habermas. Ce n'est pas le garçon simple. Mais il fait mon éducation, qu'il juge sans doute misérable, et ça tombe bien, je partage son avis. J'ai le sentiment que tout ce que je n'ai pas appris à l'école, je suis en train de le rattraper. Christian exige que je connaisse des passages entiers de Nietzsche par cœur. Je suis si frappée par son autorité et par sa rapidité intellectuelle que j'épouse toutes ses passions. C'est grâce à lui que je sillonne les routes de Munich à Francfort, dès que mon école de théâtre m'accorde une journée de pause, pour aller aux derniers cours d'Adorno. J'y assiste la peur au ventre. Que dirai-je à Christian s'il me demande ce que j'en ai retenu ? Je suis si impressionnée que je me sens prête à m'évanouir, et quand je sors de l'amphithéâtre, je suis comme saoule. J'ai tout oublié de ce que j'ai entendu.

Pendant les vacances d'été, Christian et moi partons filmer la Yougoslavie de Tito dans une petite Renault 4 où nous dormons le plus souvent. Le documentaire expérimental exige de sacrifier le confort bourgeois. C'est moi qui porte le lourd Nagra pour enregistrer les sons. Un soir, Christian décide que nous passerons la nuit à l'hôtel, histoire de dormir dans un vrai lit. Alors que nous demandons une chambre, le concierge nous pose la question en vigueur à l'époque :

— Êtes-vous mariés ?

Je réponds en désignant Christian :

— Lui oui, pas moi.

Et il est vrai que Christian est séparé mais pas encore divorcé. L'hôtelier nous claque la porte au nez. Christian est furieux contre moi : retour dans la Renault 4 et engueulade à la clé.

Par le biais de l'école de théâtre, je suis engagée pour la première fois dans un film. Un rôle minuscule avec deux répliques dans *Funeral in Berlin*, une histoire d'espionnage du britannique Guy Hamilton, avec Michael Caine. À cette époque, je ne parle pas un mot d'anglais. Par gestes, on m'envoie au maquillage. Et quand j'arrive sur le plateau, je vois une fille ravissante face à la caméra. Persuadée que j'ai été remplacée, je vais enlever mon costume. On me cherche partout. Quand on me remet la main dessus, on me passe un savon. La fille est ma doublure lumière. Dans une grosse production britannique, à cette époque, il y a des doublures lumière pour le moindre rôle. C'est typique de ce que je suis alors : les doutes sur ma légitimité m'empêchent de demander une explication. Plein de choses m'échappent sur le moment et je les analyse après.

C'est encore ce qui va se produire quand mon agent allemand m'envoie assister à la première du film à Londres. Pour un si petit rôle, et malgré l'argent de la production qui coule à flots, je trouve curieux qu'on m'offre le voyage et l'hôtel. Mon agent insiste, précisant néanmoins que je devrai faire étape à Paris.

— Tu as rendez-vous avec le producteur. Apporte des photos de toi.

Je me présente dans les bureaux de la Fox, rue de Ponthieu.

— M. Zanuck veut vous voir, me dit une secrétaire.

— Qui ça ?

— Le producteur Darryl Zanuck. Il est au George V. Vous prenez à gauche rue du Colisée, puis à droite sur les Champs, à gauche…

À 16 heures tapantes, je frappe à la porte indiquée, mes photos sous le bras. C'est un type dans une robe de chambre en soie et cigare au bec qui m'ouvre. Je me suis trompée de porte ? Un producteur reçoit en robe de chambre au beau milieu de l'après-midi ? En plus, je déteste l'odeur du cigare. Je suis à peine assise qu'il me demande :

— Vous avez déjà fait l'amour avec une femme ?

Il veut dire « avec un homme » ? Homme ou femme, je trouve l'approche très douteuse. Je pars en claquant la porte et file, furieuse, aux bureaux de la Fox. La secrétaire, blasée, me répond :

— C'est Zanuck ! *Le Jour le plus long*, ça vous dit quelque chose ?

— Non. Et je me fous de qui est Zanuck. On ne parle pas comme ça à une jeune fille. Point barre.

Je décide que j'en ai fini avec le cinéma. Je retourne au théâtre, dans mon école munichoise. Je préfère enregistrer des pièces de Lorca et de Giraudoux pour la télévision allemande.

Et je lis. Je passe mon temps à lire. J'ai une telle soif d'apprendre. En Suisse, quand j'étais au lycée, aucun cours n'était consacré à la Seconde Guerre mondiale. On n'en parlait jamais. Si je deviens une autodidacte, c'est à cause de la guerre. Parce que toutes les réponses aux questions que je me pose sont là. Parfois, Christian m'emmène à des soirées avec ses amis, des intellectuels de l'école de Francfort, je veux tout écouter de leur conversation mais ne pas prononcer un mot. Alors je feins d'être malade, je tousse et je demande à m'allonger pour être sûre que personne ne me questionnera. J'ai honte à l'idée qu'ils me découvrent telle que je suis : une petite paysanne Ovomaltine. Ma volonté de progresser est sans limites, et ma timidité, une excellente couverture. Mon objectif, alors, c'est d'échapper à la réalité quotidienne. Et j'ai conscience de vivre quelque chose d'exceptionnel. Il faut juste que je me souvienne de tout. Je me répète : *C'est là, dans ce monde de la pensée, que je veux être.* Mais je sais que je n'y serai jamais complètement, ou pas de cette manière. Les complexes sont là, suscitent des émotions trop fortes qui saturent mon intellect parfois.

Finalement, épuisée par cette suractivité, je choisis d'être actrice, pleinement, alors je passe une audition pour un rôle à Heidelberg, on m'engage dans la troupe du Théâtre de la Ville. Et je plie bagage une nouvelle fois.

À Heidelberg, après les mémorables *Brigands* de Schiller, on m'a expliqué que je devrai remplir mes engagements pendant un an. Je me produirai dans pas moins de dix pièces, ce qui est la règle pour les théâtres d'État en Allemagne. Mais pour les deux années suivantes, il ne faut pas trop y compter. Il est peu probable qu'on renouvelle mon contrat comme prévu. Je vais devoir annoncer à mes parents et à mes amis que je ne finirai pas les trois ans prévus à Heidelberg. Je suis si mortifiée que je n'en parle à personne. Je travaille d'arrache-pied. Dans la trilogie de Goldoni, je progresse sensiblement. Un professeur m'a prise en charge pour rééduquer ma voix. J'apprends le métier en le pratiquant avec des metteurs en scène venus de toute l'Allemagne. On fait des lectures à la table pendant des jours. C'est souvent l'occasion de changer la distribution en fonction de nos qualités respectives. Pas question de discuter une décision du metteur en scène. Je suis trop grande, trop maigre pour jouer les soubrettes, on m'attribue toujours les rôles tragiques.

On répète chaque matin, on joue chaque soir. Tous les mercredis après-midi, il y a une matinée à 16 heures. Je joue le rôle-titre dans *Cendrillon*. Un soir, dans mon petit appartement de Waldorf, je ferme les rideaux, je coupe le téléphone, avec une seule idée en tête : dormir. En me réveillant, je regarde l'heure. 4 heures du matin ? Je me rendors. En fait, il est 16 heures ; c'est l'après-midi. Et quand j'ouvre à nouveau les yeux, la représentation va bientôt commencer. Mais lorsque j'arrive au théâtre, la direction a renvoyé le public. Ils ont essayé de m'appeler dix fois en vain. Tant pis pour moi, je suis à l'amende. On enlève 100 marks par mois sur les 400 qui constituent ma maigre pension de jeune actrice. Les amendes, c'est ma spécialité, à l'époque. Un partenaire blagueur me déconcentre, et ça me vaut des sous en moins. Un minuscule régisseur, campé dans les coulisses avec son carnet et son crayon rageur, note nos écarts : fou rire sur scène, 5 marks ; texte oublié, 6 marks ; bafouillage, 4 marks. Mon regard tombe sur lui et je suis prise du fou rire interdit. On baisse le rideau. On le relève. Je n'ai même pas besoin de jeter un œil au petit régisseur pour partir dans un nouveau fou rire. Amende, amende, amende. La souffleuse me déteste aussi, sans doute à cause de mon insolence. Quand j'oublie mon texte et que je me tourne vers elle, elle me fait juste « non » de l'index pour me signifier que je me trompe. Mais elle ne me souffle pas la réplique.

Bientôt, je le sens bien, je devrai quitter la troupe de Heidelberg. Je m'inquiète, je me mets en quête d'engagements ailleurs afin de gagner ma vie. Je cours la province pour passer des auditions dans des villes de plus en plus petites, pour intégrer des troupes de plus en plus minables, même des troupes d'amateurs. Dans les salles des fêtes, les églises, les mairies, les auberges, partout j'essuie des refus. Plus l'endroit est sinistre, plus on me juge mauvaise. Jusqu'au jour où je me dis que je ne suis pas faite pour ça. Mais, avant de tout lâcher, je veux faire une dernière tentative. Après avoir été la plus modeste des apprenties, j'accepte la perspective d'un bouquet final d'humiliations. Si je n'arrive à rien au plus bas de l'échelle théâtrale, autant viser le plus haut. Berlin.

Profitant de trois jours de liberté, je pars en stop. Un camionneur me ramasse sur le bord de la route, je chante toute la nuit pour éviter qu'il ne s'endorme au volant. Arrivé dans les environs de Berlin, il me demande :

— Je vous arrête où ?

— À la première cabine téléphonique.

Je m'y engouffre avant de me plonger dans l'annuaire. Mon doigt tombe sur le Schiller Theater, il y a deux numéros : dramaturgie ou billets. Je choisis le premier.

— Allô, je suis Marthe Keller.

— Qui ?

— Bah, Marthe Keller, de Heidelberg.

— Que puis-je faire pour vous ?

— Je suis là pour deux jours, à Berlin, je voudrais passer une audition.

Il est midi, je me tiens dans la cabine avec mon petit sac de voyage.

— OK, passez vers 16 heures.

Je n'en reviens pas d'une telle chance. Une audition au Schiller Theater de Berlin, c'est quatre mois d'attente, d'ordinaire.

Pendant l'audition, je suis tellement claquée par la route et le trac que je ne pense qu'à me coucher sur scène. Comme en transe. Avant la fin du premier extrait, le directeur du théâtre et le dramaturge me demandent :

— Vous avez autre chose ?

Alors je joue cinq extraits. Quand je descends de scène, prête à renoncer au métier, ils me disent :

— On vous engage.

Je fonds en larmes. Je dis :

— C'est un malentendu.

Ils me répondent, comme à Bâle :

— Il y a quelque chose chez vous.

Je reviens à Heidelberg. J'ai droit à un entretien avec le directeur du théâtre et le responsable des acteurs.

— Tu as réfléchi au métier que tu voudrais faire ? On voulait te proposer un poste de secrétaire parce qu'on t'aime beaucoup.

Je ne réponds pas tout de suite, pour faire durer le suspense.

— Oui, j'ai bien réfléchi, je vais être comédienne.

— Vraiment ? Tu vas t'entêter ?

Je laisse planer un nouveau silence. Je me retiens de manifester ma joie pour mieux les confondre.

— Oui.

— Tu vas jouer où ?

Silence plus long encore.

— À Berlin.

— Où, à Berlin ?

— Au Schiller Theater.

— Tu ne joueras jamais. Ils engagent des dizaines de comédiens. Ou tu auras des petits rôles. Et peut-être même pas de petits rôles.

J'explique le programme qui m'attend pour la saison 1967-1968. Des premiers rôles dans *Le Misanthrope*, dans *Le Songe d'une nuit d'été*, dans *Faust* et dans une création.

— OK, on s'est trompés, me concède le directeur du théâtre de Heidelberg. Reste et je te paierai le double.

J'ai dit non, bien sûr. Mais pourquoi ai-je persisté dans cette voie alors que personne ne m'encourageait vraiment ? Je savais intimement que le manque de préparation y était pour beaucoup, on m'avait jetée sur scène trop vite, trop tôt. Mais j'étais persuadée que je réussirais à force de travail. Que toute ma vie serait structurée par le travail.

J'ai quitté Heidelberg la tête haute, grâce aux conseils de metteurs en scène talentueux et à une discipline de chaque instant. Jouer tout le temps avec les meilleurs, c'est la clé de ce métier, je l'avais compris. À l'issue de ma dernière pièce, la critique était enthousiaste. Mon nom figurait à la une du *Rhein Ruhr Zeitung*, en lettres énormes. Le même critique qui m'avait démolie d'une phrase lapidaire pour *Les Brigands* tenait à rétablir la justice.

Je vis désormais à Berlin-Ouest, dans un petit logement. À quelques mètres du Mur. La nuit, les projecteurs des miradors balaient ma chambre. J'entends les chaînes des chiens policiers frotter le long des barbelés quand ils courent à la poursuite d'un fugitif.

Dans cette ville, à cette époque, il est inconcevable de ne pas avoir une conscience politique. De ne pas participer au mouvement de juin 1967, après la mort d'un jeune homme abattu par la police lors d'une manifestation. Une étudiante met le feu aux poudres en lançant : « Nous avons affaire à la génération d'Auschwitz : traiter avec ces gens est impossible. Trouvons des armes. » Je me réveille de la longue somnolence bâloise avec un goût prononcé pour l'interdit et la justice. J'absorbe tout le savoir qui passe à ma portée comme une éponge.

La direction du Schiller Theater est formelle : interdiction pour la troupe de se mêler aux actions politiques, ou même d'en parler au sein du bâtiment. Comment jouer Brecht en restant sourd et aveugle à la contestation ?

Une habilleuse qui a eu vent de ma nuit au poste après une manif refuse de fermer mon corset. Mais grâce à mon passeport suisse, je me rends chaque jour à Berlin-Est. Dans mon sac, je transporte les lettres de mes amis du Schiller Theater dont les familles sont en République démocratique allemande. J'assiste en auditrice libre aux répétitions de la troupe du Berliner Ensemble. L'ambiance y est tout autre. L'argent n'est pas un problème, car personne n'en a. Et c'est l'État qui finance les productions. La troupe travaille sur une même pièce pendant huit mois, dans une émulation artistique hors norme et dans une horrible odeur de désinfectant. Il suffit de passer la main sous les tables pour sentir les micros de la Stasi. À minuit, je reprends Checkpoint Charlie en sens inverse.

Côté Ouest, la ville résonne des récits sur les « victimes du Mur ». Des familles prêtes à tout pour passer en RDA. On cache des enfants dans des téléviseurs creux. Un boucher qui va chercher sa marchandise dans les fermes de l'Est dissimule les membres d'une famille à l'intérieur de carcasses de bœufs. À l'arrivée, on doit tous les transporter à l'hôpital car ils sont empoisonnés par les émanations gazeuses de la viande sanguinolente.

Une nuit, j'entends les hurlements d'une femme à quelques mètres de chez moi. Puis des tirs. Le lendemain, j'apprendrai qu'avant de sauter elle a jeté un magnétophone avec l'enregistrement de ses cris au-dessus des barbelés afin de brouiller les pistes. Elle a survécu.

Une autre nuit, des amis et moi guettons un couple de techniciens d'un théâtre. Ils se sont entraînés à nager sous l'eau pendant des mois afin de traverser une partie du lac en apnée. À peine atteignent-ils la rive qu'ils se font tirer dessus mortellement par les troupes frontalières. Sous nos yeux. Je finis par ne plus croire en rien. Le désespoir des victimes du communisme est-allemand tempère mon envie de me battre dans les rangs du KPD. Je deviens plus sélective dans mes amitiés, je me sens plus seule. Je suis sortie de ma bulle d'enfant choyée.

Des photos de moi sont arrivées entre les mains de Philippe de Broca, c'est en les voyant qu'il a décidé de prendre l'avion pour venir me voir jouer à Berlin. Il prétend ne pas trouver de jeune comédienne française pour interpréter la petite-fille de Madeleine Renaud dans *Le Diable par la queue.* Il m'a attendue après la représentation du *Songe d'une nuit d'été.* Il a beaucoup aimé mon travail dans le rôle d'Helena. Je souris à tout ce qu'il dit parce que je ne comprends rien.

Revenu à Paris, Philippe de Broca lance à son producteur :

— C'est elle, c'est la baronne Amélie.

Il n'en veut pas d'autre, mais il doit tenir compte de mon accent. Il revoit le scénario pour y intégrer Maria Schell, une comédienne helvético-autrichienne, dans le rôle de ma mère et de la belle-fille de Madeleine. Il faut bien que cette famille d'aristos sans le sou ait l'air crédible malgré sa fantaisie. Philippe de Broca me demande de venir faire des essais devant la caméra. J'obtiens l'accord de la direction du Schiller Theater pour m'absenter.

— OK, à condition que tu sois de retour le 1er août, pour le début des répétitions de la saison.

On est en mai 1968, les aéroports français sont paralysés en raison de la grève générale. Je prends un car via Bruxelles. À l'aérogare, on est venu m'accueillir. L'homme se présente :

— Marcel Dalio.

Dalio, l'acteur qui a joué dans les films de Huston, Cukor et Renoir, mais aussi Malichot dans *Cartouche*, de Philippe de Broca. Celui-ci a envoyé son ami me chercher. C'est mon premier déjeuner à Paris. Et c'est chez Lipp. En face de moi, il y a Pablo Picasso. Il griffonne sur la nappe en papier. J'ai les yeux qui sortent de la tête. C'est donc ça, Paris ? Dalio ou Picasso au premier coin de rue ? Dans la salle, les habitués feignent de ne pas remarquer l'artiste. Mais quand il part, certains se lèvent pour récupérer le croquis abandonné sur la table. Le peintre fait le tour complet du tambour de la porte, revient dans la salle, empoche son dessin. Les clients se sont fait avoir. C'est un petit jeu qui amuse beaucoup Picasso, m'explique Marcel Dalio.

Après le déjeuner, c'est le moment des essais. Dans le car, j'ai soigneusement répété le rôle de Charlie. Devant la caméra, je parle en même temps que mon partenaire. Tout le monde rit. On me reprend. Mais Charlie, c'est aussi un prénom de fille en Allemagne. D'où mon erreur. Ce qui ne m'empêche pas de décrocher le rôle. Et me voilà dans le Beaujolais avec Jean Rochefort, Jean-Pierre Marielle, Yves Montand, Claude Piéplu, dans une ambiance de gaieté permanente et d'abondance. J'arrive de Berlin. Là-bas, on s'abstenait de toute coquetterie. Le métier n'était pas censé être une partie de plaisir. Pour faire la fête, on se contentait de saucisses et de bière. Je découvre un endroit où les déjeuners de travail sont des festins arrosés de grands crus. L'après-midi, sur les tournages, je suis ivre, parfois. Je grossis et on finit par m'interdire de cantine ; je prendrai mes repas seule, dans ma loge, pendant un temps.

La bonne bouffe, la prévenance de mes partenaires qui m'ont prise sous leur protection, l'élégance de Philippe de Broca dans sa manière de mener l'équipe n'effacent pas le seul enjeu véritable pour moi : jouer en français pour la première fois. On m'a traduit mes répliques, mais je ne comprends pas grand-chose à celles de mes partenaires. Parfois, je les regarde d'un œil un peu vide. Je compense mes lacunes en répétant mon texte plus que les autres pour parvenir à une diction correcte. Ça ne marche pas à tous les coups. Pour l'expression « œillet à la boutonnière », je n'y arriverai jamais et on sera obligé de me faire doubler. Malgré le registre de la comédie, les dialogues sont loin d'être simples. Daniel Boulanger, Claude Sautet, Philippe de Broca ont poli chaque réplique, des reparties rapides, des sous-entendus, des bons mots. Je ne peux pas encore saisir ces subtilités, c'est sûr. Et De Broca veut filmer les acteurs dans leur spontanéité. Il ne fait jamais plus de trois prises. Je n'ai pas intérêt à me rater. Quand j'entends « Coupez ! », je suis la seule qui continue à parler. Je rejoue mes répliques pour moi-même, je vérifie que j'étais au point.

Yves Montand m'aide à surmonter mes inquiétudes en évoquant son expérience en Amérique, où il est arrivé aussi embarrassé que moi. Il m'explique :

— Si tu veux apprendre vite, un jour tu parles et le lendemain tu écoutes. C'est faire les deux en même temps qui est trop difficile.

Je suis ses conseils. Ma vie n'est alors que malentendus et incompréhensions, mais ne pas parler le français me protège aussi. Un accent, c'est complexant, certes, mais ça rend moins conventionnel. Et puis, j'ai encore une bonne excuse pour ne pas me prononcer sur tous les sujets.

Je me sens seule, parfois, à ne pas pouvoir m'exprimer dans ma langue. J'ai trouvé un chaton auquel je peux raconter tout ce qui me passe par la tête sans me surveiller. En mon absence, il lacère les tapisseries de ma chambre d'hôtel. Le directeur veut que je me débarrasse de l'animal au plus vite. Alors tous les comédiens préparent leurs valises et font mine de quitter les lieux par solidarité avec moi. Et ça marche. Je garde mon chat.

La langue est le principal obstacle à ma tranquillité d'esprit mais passer des planches aux plateaux de cinéma me demande aussi un effort. Au début, je suis gênée par la foule sur le plateau. Ça parle dans tous les coins. Comment lâcher prise et se concentrer ? L'émotion disparaît. Je me sens prisonnière de l'espace et du temps, de la caméra bien trop proche. Je ne comprends jamais si elle est allumée. À force de ne pas la regarder pour appliquer les consignes, je ne sais plus où poser les yeux, je lui tourne le dos la plupart du temps, et on doit me redonner mes marques. Rien à voir avec une scène de théâtre qu'on s'approprie. Cette fois, je cache mon partenaire ! Il faut refaire la prise. Quand je danse avec César, l'escroc escroqué par ma famille, je n'ai plus de problème de placement. Yves Montand s'arrange pour être tout le temps dans le champ. C'est Montand !

Et puis il y a la question du corps plus ou moins dénudé, nouvelle aussi pour moi. Dans mon rôle d'allumeuse ingénue, je dois grimper à un arbre sous les regards comblés de Monsieur Patin et du baron César. J'adore la minijupe plissée qui me suit de scène en scène, sauf dans ce cas. Je pleure de vraies larmes en comprenant que le spectateur reluquera aussi ma culotte. J'en ai superposé trois par précaution, mais c'est l'horreur, je ne veux pas tourner du porno !

Chaque jour du tournage, Madeleine Renaud reçoit une rose blanche de Jean-Louis Barrault, pourtant très occupé par le Théâtre national de l'Odéon, qu'il a ouvert aux étudiants contestataires.

J'ai quitté la schlague germanique et ma peau de tragédienne pour découvrir la douceur de vivre à la française. Difficile d'y renoncer. Mais j'ai souvent de vrais coups de nostalgie quand je pense à la troupe du Schiller Theater. En France, les conversations me paraissent plus mondaines, plus artificielles. J'ai du mal à me faire aux dîners interminables où je me sens claustrophobe. La spontanéité des relations humaines entre Berlinois me manque : sonner à la porte de sa voisine pour emprunter du café, rester boire un verre et finir la nuit en parlant de politique dans un bar.

Pendant que les étudiants dressent des barricades dans les rues de la capitale, je joue dans une comédie en province avec des acteurs merveilleux, tous mes aînés d'une bonne dizaine d'années. Je résiste à l'embourgeoisement. Plus encore à la famille aristo de Philippe de Broca. Je ne veux pas entrer dans ce monde. Je reste moi-même avec mes jeans déchirés, mes bouquins, mon background politique berlinois et mon côté emmerdeuse. Tout ça séduit Philippe. Ça l'amuse. Pour lui comme pour moi, tout ce qui compte vraiment dans la vie de tous les jours, c'est s'amuser.

Avant d'arriver en France, je connaissais *L'Homme de Rio* et *Cartouche*, les énormes succès de Philippe de Broca. Je découvre qu'il a été l'assistant, parfois le co-scénariste, de François Truffaut et de Claude Chabrol avant de se lancer dans la mise en scène. Il vient du cinéma d'auteur. Avec son premier film, *Les Jeux de l'amour*, il a obtenu l'Ours d'argent à Berlin. En choisissant les comédies et les films historiques, en donnant à Jean-Paul Belmondo sa dimension exubérante, il a ravi le public tout en s'éloignant du sérail et des honneurs. Il doit faire avec un relatif manque de reconnaissance de ses pairs et rester fidèle à ce qu'il aime : le cinéma italien des années 1950, avec son mélange de critique sociale et d'humour doux-amer. Par-dessus tout, il adore *Le Voleur de bicyclette*. Tout ce qui touche à l'humain le concerne, les petites gens comme ceux de la haute, les autodidactes comme les flambeurs. Le drôle et le moins drôle de l'existence. La plume désenchantée, altruiste et acérée de Daniel Boulanger lui convient bien. Virevolter, ne jamais tenir en place, amuser une équipe de tournage, ça caractérise Philippe de Broca. Mais le spleen n'est jamais loin.

Je suis impressionnée par sa culture. Mon nouveau mentor déploie pas mal d'imagination pour me faire rire et ça me suffit pour tout plaquer en Allemagne. Le Schiller Theater m'attend le 1er août. Je n'y serai pas. Je suis virée. Philippe envoie un camion à Berlin pour en rapporter mes affaires. J'ai demandé à ma voisine de tout fourrer dans le véhicule. Quand le chauffeur ouvre les battants de l'immense remorque, il y a deux chaises, un coffre avec à l'intérieur des bretzels à moitié écrasés et des piles de journaux, une petite armoire. Je découvre que je ne possède rien. Déplacer un camion à travers l'Europe pour si peu de choses, Philippe n'en revient pas. Et là encore, ça le fait rire.

Suivent quelques déboires avec des agents immobiliers suspicieux. On pense avoir enfin trouvé notre maison dans le 14e arrondissement. Je vois la propriétaire arriver de loin et je sais au premier coup d'œil qu'elle va agacer Philippe. Elle nous pose des questions à n'en plus finir : Vous payerez comment ? Vous êtes mariés ? Vous avez des enfants ? Des animaux ?

Philippe me regarde l'œil allumé :

— Allez, on lui dit ?

Je lui donne déjà des petits coups de pied pour qu'il reste sérieux. Mais il préfère perdre la maison plutôt que de nous priver de sa plaisanterie.

— Vous voyez, ma femme est suisse, alors on a juste Marie. C'est une petite vache qui va paître dans le jardin, et le soir elle dormira avec nous.

On peut oublier la maison.

On trouve à se loger avenue Charles-Floquet, chez la princesse Soutzo, Mme Paul Morand. J'apprécie la terrasse qui ouvre sur la tour Eiffel, elle me change du mur de Berlin. Mais la grande armoire chinoise laquée noire… Sinistre ! Un jour, Philippe me découvre un tablier autour des reins, un rouleau à la main.

— Regarde ! J'ai enfin trouvé une peinture qui accroche. Ce sera quand même mieux en blanc !

Philippe sourit, il m'aide à faire disparaître les précieuses chinoiseries, il sait déjà que cette idée va nous coûter les yeux de la tête. Et on a été virés, évidemment ! Pendant deux ans, nous rembourserons le décapage du meuble ancien à la princesse roumaine.

J'aime bien dire que si je n'avais pas rencontré Philippe de Broca, je serais probablement restée à Berlin et je serais devenue une comédienne alcoolique, mariée à un acteur au chômage. Je parle du hasard qui compte autant que la chance, dans ce métier. Et du fait que passer les frontières pour jouer, c'est un risque stimulant, c'est une aventure, c'est ce qui m'a formée, mais c'était aussi une nécessité pour l'adolescente que j'avais été : à Bâle, je me sentais en sécurité, mais j'aurais préféré me sentir en danger tout le temps.

Un jour dans la mort de Joe Egg est une pièce qui mêle absurde et humour très noir. C'est l'histoire d'un couple qui surmonte la difficulté d'avoir une enfant handicapée depuis sa naissance. C'est Jean Rochefort qui m'a parlé de la pièce. Cette absence de sentimentalisme m'a plu. J'ai trouvé d'autant plus fort l'amour de ces parents qui ont choisi par désespoir de rire du drame qui mine leur couple.

Quand je demande à Jean Rochefort pourquoi il m'a recommandée à Michel Fagadau, le metteur en scène, il me répond :

— Parce que toutes les actrices françaises chialent en lisant le texte.

En vérité, Jean-Pierre Marielle savait que Fagadau et Rochefort n'avaient pas trouvé le premier rôle féminin pour la pièce de Peter Nichols. Or, dans *Le Diable par la queue,* je criais des ordres – « voiture », « réparer », « partir » – à mon soupirant garagiste sous une pluie battante. En m'entendant, Marielle s'était tourné vers son pote et lui avait dit :

— Prends la boche, elle a du coffre.

Et puis Fagadau se moquait pas mal de mon accent : lui-même, qui venait de Roumanie, en avait un à couper au couteau. Il m'a choisie parce que je ne faisais pas française, précisément. Pour interpréter Shelley, il voulait une comédienne d'un genre anglo-saxon et pince-sans-rire.

Dans le rôle de la femme de Bri, incarné par Jean Rochefort, j'étais censée avoir au moins dix ans de plus que mon âge. On m'a habillée en noir afin de me vieillir. Pendant les répétitions, Fagadau et Rochefort me félicitaient pour mon jeu dénué d'émotivité. Normal, je ne comprenais rien. Le texte était brillant, basé sur des allusions et des flèches cinglantes, pas faciles à manier. J'apprenais dictionnaire à la main. Je m'enregistrais au magnétophone et j'écoutais les bandes pour corriger ma prononciation. J'écrivais mes répliques sur des bouts de papier, je les articulais cent fois en marchant dans la rue, en cuisinant, en prenant mon bain. Grâce à mon handicap, je sentais aussi que je descendais en profondeur dans la pièce. J'y découvrais des nuances que je n'aurais sans doute pas perçues en allemand. Il fallait que la phrase coule et il n'y avait qu'une solution pour ça, connaître le texte au point de ne plus jamais avoir besoin d'y penser. C'est le moment où je me sentais légère, et capable de jouer n'importe quoi. Cette discipline de fer, c'était un peu mon titre de séjour sur les planches françaises.

Au théâtre, la barrière de la langue me semblait bien plus contraignante qu'au cinéma. En cas d'erreur, pas moyen de revenir en arrière. Et, surtout, je ne pouvais pas me permettre un trou de mémoire. Je ne trouverais jamais un synonyme au mot manquant dans une langue qui n'était pas la mienne. J'en étais encore à prendre le « bromure » d'une réplique pour de la confiture de mûres. Jouer dans une langue étrangère, je commençais à me dire que c'était comme enfiler un second costume.

Avant la première de *Joe Egg*, j'ai un trac comme je n'en ai jamais eu et comme je n'en aurai jamais plus. C'est la seule fois, dans ma vie, où je dois prendre du Valium pour calmer mon anxiété. L'habilleuse me rattrape dans la rue, en train de m'enfuir juste avant de monter sur scène. Heureusement, Jean Rochefort est là. C'est un écorché vif, d'une intelligence redoutable, capable de désacraliser le métier d'acteur par des pirouettes constantes, ce qui ne l'empêche pas d'être complètement dans le rôle. Il veille généreusement sur moi. On est liés par l'amour des chevaux, aussi.

À la générale, le directeur du Schiller Theater a fait le déplacement depuis Berlin pour voir ce dont je suis capable sur une scène parisienne. Mes parents sont là, bien sûr, venus directement de la gare de l'Est au théâtre de la Gaîté-Montparnasse et installés au premier rang. Ma mère maîtrise un peu le français, qu'elle a appris à l'école et perfectionné durant une année en France comme fille au pair. Elle se chargera de traduire l'essentiel à l'oreille de mon père. Le rideau se lève, je cours après un chat : « Minette, minette ! »

C'est ma première réplique, prononcée d'une voix assez basse. Ma mère commence à chuchoter en allemand. Mon père ne m'a pas vue depuis six mois, il ne voit qu'une chose : sa fille a maigri. Et il s'exclame à voix haute :

— *Mein Gott, sie ist dünn !* (« Mais elle ne mange pas assez, mon Dieu, qu'est-ce qu'elle est maigre ! »)

Ma mère dit « Chut ! ». Les spectateurs aussi. Et il continue :

— *Mein Gott, sie ist dünn !*

C'est mon premier fou rire sur la scène de la Gaîté-Montparnasse et, grâce à Jean Rochefort, j'en aurai d'autres au cours des 450 représentations qui suivront.

On part en tournée. On obtient le prix de la Critique.

C'est dans la pièce de Peter Nichols que Louis Velle me découvre un dimanche après-midi avec sa femme, Frédérique Hébrard. Ils me proposent le rôle principal dans une série télévisée qu'ils ont écrite à quatre mains. J'hésite. Je demande l'avis de Jean Rochefort, qui me répond :

— Si tu n'interprètes pas une infirmière en blouse blanche, ni un flic en uniforme, vas-y. Sinon, dis-toi que tu ne pourras plus jamais jouer du Shakespeare.

Comme le rôle de Koba Lye-Lye passe de fille au pair à caissière, puis à princesse (de Kurlande), j'accepte.

Je suis sur scène pour *Un jour dans la mort de Joe Egg* jusqu'à 23 heures. Ensuite, toute la troupe va dîner aux Îles Marquises. Je monte dans ma vieille Simca 1000 et je rejoins Philippe dans notre nouvelle maison, près de Mantes-la-Jolie. Le lendemain, je me lève à l'aube pour filer aux studios de télé tourner *La Demoiselle d'Avignon*. Je dors trois heures par nuit. Les jours de relâche, je pars au bout de la France tourner les extérieurs du feuilleton à un rythme d'enfer. Il y a sans doute une part de masochisme dans ce marathon. J'ai aussi dans l'idée qu'on m'offre une chance et que je dois en être redevable. Je ne me sens pas autorisée à faire le moindre caprice, ni à me plaindre des horaires de dingue.

Le premier épisode de *La Demoiselle d'Avignon* fait la même part de marché que le reportage sur Armstrong posant le pied sur la Lune. Je ne suis au courant de rien. En France, personne n'est censé me connaître. Et je suis à l'hôpital, où je viens d'accoucher de mon fils. Aucun succès ne pourra jamais rivaliser avec ce bonheur-là, je le sais déjà. En pleine nuit, la porte s'ouvre sur un médecin, de dos, en blouse blanche. Il se retourne d'un coup, braque son objectif et nous prend en photo, mon fils et moi en train de l'allaiter. Je pousse des hurlements, les infirmiers se précipitent sur le paparazzi et lui confisquent son appareil le temps de récupérer les négatifs.

La Demoiselle d'Avignon remporte un succès phénoménal, mais je veux être prise au sérieux dans mon métier. Je n'ai qu'une crainte, ne recevoir à l'avenir que des propositions pour la télé et devoir faire une croix sur le cinéma et sur le théâtre. Étrangement, c'est tout le contraire qui se passera.

J'accepte le premier rôle féminin dans *Elle court, elle court la banlieue*, de Gérard Pirès, parce que j'y trouve un mélange de critique sociale et de fantaisie légère. C'est plein de gaieté, même si la jeune femme découvre que la vie en banlieue, avec ses trajets épuisants et ses tours mal insonorisées, signe la mort de son couple. Il y a du rythme. Jacques Higelin, mon partenaire, est là pour apporter sa poésie naturelle. Il est le même dans la vie. Déjanté et gracieux. J'organise une fête de fin de tournage à laquelle j'invite mes parents. Le lendemain matin, mon père s'étonne :

— Cette nuit, j'ai vu une grande femme en robe blanche traverser ton jardin.

C'était Higelin.

La Demoiselle d'Avignon ne m'a pas valu d'offres pour d'autres feuilletons télévisés. Je tourne dans deux, trois films par an en France. Jusqu'au jour où Claude Lelouch me propose le triple rôle de Sarah, de sa mère et de sa grand-mère dans *Toute une vie*, une saga qui commence en 1918 et finit, alors dans le futur, en 2000.

Le « T » du titre apparaît à peine au générique que le public du Festival de Cannes siffle déjà le film. Claude Lelouch s'est fait pas mal d'ennemis en ayant obtenu deux Oscars alors qu'il entrait à peine dans la trentaine. Trop de succès trop jeune. La critique est plus généreuse avec les prestations d'André Dussollier, de Charles Denner et de moi-même. De toute façon, rien ne peut altérer notre bonne humeur. On nous voit dans un reportage, réunis sur la Croisette, joyeux, et je crois même que je traite les journalistes de « cons » avec un grand sourire.

Claude Lelouch s'amuse comme un gamin à toutes les étapes d'un film : l'écriture, la réalisation, le montage, la production. Il aime raconter des histoires. Il aime tellement les acteurs aussi, on l'a assez répété. Nul ne connaît le texte de son partenaire avant d'arriver sur le plateau. On improvise sur une thématique annoncée le matin même. C'est assez stimulant. Je découvre qu'il y a plusieurs méthodes de travail. J'apprends à désapprendre, à accepter la surprise. C'est nouveau pour moi qui ne croyais qu'à une préparation quasi militaire depuis que j'avais commencé la danse, à 8 ans.

On parcourt les continents. Claude Lelouch est malin, pressé, il ne s'encombre pas de demandes de permis pour planter sa caméra. On change de costume et on se fait maquiller dans les toilettes des avions. On tourne à toute vitesse, sans jamais ressentir de lassitude. Quand les autorités se présentent pour vérifier les autorisations, Claude a déjà fini. Son côté pirate est fait pour me plaire. Et son enthousiasme, contagieux. Après chaque plan, il lance :

— On travaille pour la Cinémathèque.

Et le soir, quand il a vu les rushs, il déboule, enchanté, à la table du dîner en affirmant :

— On n'a jamais vu ça !

Autrement dit : un cinéma aussi novateur.

De *Toute une vie*, il me reste un plan inoubliable. Un homme et une femme, rescapés des camps, se croisent pendant la libération de Paris. Ils sont revenus de tout. Ils flirtent, manière de survivre à l'horreur, et finissent par faire l'amour dans une chambre d'hôtel. Alors qu'elle est en plein orgasme, le temps s'accélère, et on voit la même femme en train d'accoucher de Sarah. Tandis que je joue la scène, une autre femme accouche véritablement à mon côté, car on doit poser le nourrisson sur mon ventre avec le cordon et le placenta. Au moment où le bébé voit le jour, Claude Lelouch crie :

— Cache le sexe, c'est un garçon.

Et je me mets à pleurer.

Claude Lelouch savait que le film se ferait massacrer par la critique en France. Ce qu'il ignorait, c'est que ce serait un triomphe aux États-Unis. Il a eu l'intelligence d'écouter les producteurs américains et de couper vingt minutes à la fin, ce qui a tout changé. Il le dit encore aujourd'hui dans les interviews, et il a raison : *Toute une vie* m'a fait connaître en Amérique. Mais, bizarrement, c'est aussi la pièce de Peter Nichols, *Un jour dans la mort de Joe Egg*, qui m'en a vraiment ouvert les portes. *Joe Egg* et un appartement pas banal.

Au beau milieu des années 1970, John Schlesinger est à Cannes, moi aussi. Un producteur des bureaux parisiens de la Paramount me croise sur la Croisette et me dit :

— Schlesinger te cherche.

Le réalisateur au double Oscar de *Macadam Cowboy* ? J'ai peine à le croire. La veille, il m'a vue dans *Un jour dans la mort de Joe Egg* et il a un rôle pour moi dans son prochain film.

De la Côte d'Azur, je gagne la Suisse, où je viens d'acheter une bergerie. Par l'intermédiaire d'un agent américain, je reçois un scénario en anglais. Je cherche un moniteur de ski, ou n'importe qui fréquentant les touristes, capable de me le traduire. Je comprends que Babe, un brillant étudiant, se prépare au marathon et que ça lui sauvera la peau quand les hommes de main d'un nazi se lanceront à ses trousses. Je comprends qu'il tombe amoureux d'Elsa, une étudiante allemande qui joue double jeu. Pas beaucoup plus. C'est alors qu'on m'annonce que les producteurs de la Paramount, et John Schlesinger lui-même, débarquent bientôt à Paris. Si je parle dans mon anglais balbutiant, je serai virée avant d'être prise. Une fois de plus, je ruserai pour en dire le moins possible. Et le sort en décidera.

À ce moment-là, obtenir un rôle dans une production américaine, c'est une idée aussi effrayante qu'excitante, mais trouver un deux-pièces à Paris, où nous loger mon fils de 3 ans et moi, ça m'occupe beaucoup plus. Fraîchement célibataire, je n'ai plus un rond ou presque, et sans aucune garantie à proposer aux propriétaires, j'ai intérêt à faire preuve de débrouillardise. Je demande à toute personne que je croise :

— Tu connais quelqu'un qui louerait un appart ?

Finalement, un ami m'envoie dans un hôtel particulier du 7e arrondissement. Orson Welles sort de l'hôtel particulier quand j'y entre. Pas la peine de lutter. Je fais la visite, puisque je suis là. L'appartement est immense, il donne sur les jardins de la maison de l'Amérique latine, et l'ascenseur arrive directement dans la cuisine. L'ascenseur et le reste me coûteront les yeux de la tête, c'est déraisonnable. Mais être une bonne mère, ça consiste aussi à faire vivre mon fils dans un bel endroit, non ? Je me tourne vers l'agent immobilier :

— OK, je suis intéressée, mais j'imagine qu'Orson Welles l'aura.

— Le propriétaire ne veut pas d'acteur.

Est-ce que je dois rappeler que je suis comédienne aussi ? Les clichés ont parfois du bon, l'agent me répond :

— Ce n'est pas grave, vous êtes suisse.

En huit jours, je gratte de tous les côtés pour payer les frais d'agence et pour avoir deux mois de loyer devant moi. Mes amis me répètent que je suis folle. Enfin, rendez-vous est pris avec Schlesinger et la production quelques jours après mon emménagement dans l'hôtel de Tavannes. Je les regarde monter l'escalier, impressionnés par la beauté classique de ce bâtiment du XVIIe, et je me dis que mon nouveau standing compensera peut-être ma mauvaise pratique de l'anglais. Je décroche le rôle d'Elsa Opel. Et, grâce à ce contrat, je peux payer les loyers suivants. J'ai vécu une bonne trentaine d'années dans cet appartement.

J'ai signé pour *Marathon Man* sans passer d'audition. Rien. Ils voulaient que ce soit moi. Ils m'ont demandé de perdre 5 kilos afin que je prenne mieux la lumière, et à la place j'en ai pris 5. Je pars pour New York avec, au programme, quatre semaines de répétition. C'est nouveau pour moi de répéter si longtemps avant un tournage. Au sommet du building de la Paramount, il y a un loft et une grande table, et autour : Dustin Hoffman, Laurence Olivier, William Goldman (le scénariste de *Butch Cassidy et le Kid* adulé par les studios) et John Schlesinger, bien sûr. Roy Scheider, dans le rôle de Doc Levy, viendra plus tard. À ceux qui sont là, John Schlesinger dit :

— Improvisez, puisque vous savez de quoi il s'agit.

Goldman écrira une seconde adaptation du script à partir de nos échanges. À ce moment-là, mon manque d'aisance en anglais passe à peu près inaperçu. Je compose avec mes défauts puisque j'interprète une Allemande. Et puis Dustin Hoffman, c'est une avalanche de mots, il occupe le terrain. C'est passionnant. Les questionnements à la table, sur les personnages, sur le texte, sur les costumes, sur les méthodes de travail, c'est du temps gagné au moment du tournage. La complicité établie durant cette étape préliminaire rend limpide et fluide le travail sur le plateau. Pour mieux comprendre les avantages de ces préparatifs, il suffit d'imaginer deux acteurs qui se connaissent à peine, qui se vouvoient encore, et auxquels on impose une scène d'amour dès le premier jour de tournage. Ils n'ont pas le choix : ils doivent tricher. Si les comédiens forment déjà une petite famille, la gêne est évacuée et seul compte le jeu.

Après les répétitions, je reviens brièvement en France. Tout le monde, sauf moi, a un avis sur ce qui m'attend aux États-Unis. On me répète que les acteurs sont tellement gâtés là-bas, je vais avoir la tête comme un melon. On se trompe. Quand je débarque à JFK, assez chargée puisque je m'éloigne de chez moi pendant trois mois, il n'y a personne de la production pour m'accueillir. À l'hôtel, personne. Le lendemain matin, pour m'emmener à Central Park, où Babe court sans relâche, personne. On me dirige vers le minibus de la Paramount avec le gros de la troupe et on me débarque dans une roulotte que je suis censée partager avec des hommes. Le soir, alors que je rentre à l'hôtel à pied, toujours royalement ignorée par la production, Dustin m'aperçoit de sa voiture. Par la fenêtre, il me propose de me déposer. Je ne réponds pas.

— T'as pas un chauffeur ? Tu veux que j'en parle à la prod ?

Je lance, furieuse :

— Pas la peine.

J'appelle mon agent, je lui annonce que je quitte le film.

Je sais que ça me coûtera une fortune en procès, que je ne jouerai plus jamais en Amérique ni nulle part, mais je m'en fous, je pars, excédée par cette série de petites vexations. Quinze minutes plus tard, je reçois de la part de la production un bouquet de fleurs qui passe à peine la porte de ma chambre. Le lendemain, j'ai une limousine et une loge personnelle à ma disposition. Est-ce que cette histoire a fait le tour des couloirs de la Paramount ? Un assistant me tend un mot : « Accepteriez-vous de dîner avec Charles Bluhdorn ? » C'est un multimillionnaire américain d'origine autrichienne qui, de création d'entreprises florissantes en placements faramineux, est devenu le principal actionnaire de la Paramount, laquelle ne représente que 2 % de ses biens. L'humour et la force de travail de Charles Bluhdorn sont légendaires, on le surnomme « l'Ouragan » dans la presse américaine. Dès notre premier dîner avec sa femme, française, il me félicite d'avoir résisté aux mauvais traitements.

Un mois plus tard, on part à Los Angeles pour les scènes d'intérieur en studio. À Hollywood, la vie est rythmée comme une horloge. Travail de brute dans la semaine et, dès le vendredi soir, les dîners et les fêtes s'enchaînent dans les propriétés de luxe. J'ai accepté l'invitation de Bob Evans, le producteur du film, auquel on doit aussi *Rosemary's Baby*, *Le Parrain*, *Chinatown*. Et puis Dustin Hoffman m'accompagne ce soir-là, il y aura Warren Beatty, Jack Nicholson et bien d'autres personnalités. Le rituel veut qu'après le dîner on traverse le parc pour se rendre dans une salle privée pour assister à la projection d'un film de la Paramount en avant-première. Mais, après la séance, le producteur me glisse à l'oreille :

— Ce serait mieux que tu partes, maintenant.

C'est bizarre tout de même. J'interroge John Schlesinger :

— Pourquoi m'a-t-on congédiée de la soirée ?

— Par respect, me dit-il, pour que tu n'aies pas à refuser de la drogue.

John Schlesinger et moi sommes restés amis jusqu'à sa mort. J'ai tellement aimé travailler avec lui. Mais avec Dustin Hoffman, c'est une autre affaire. Le courant ne passe pas entre eux. Il l'a surnommé « Million dollars baby ». Comme la plupart des réalisateurs, Schlesinger s'identifie au premier rôle masculin, au point de s'immiscer dans le jeu, ce qui rend dingue Dustin. De son côté, Schlesinger supporte très mal l'interventionnisme de Dustin à tout propos. Un jour, il repère le manège de mon partenaire. Dustin me donne des coups de pied sous la table pendant une scène. C'est sa manière de me mettre en condition dans un moment de forte tension, de faire ressortir toute mon énergie. Schlesinger est blanc de colère. Il hurle :

— C'est moi, le metteur en scène !

Dustin, de son côté, ne s'épargne pas dans son rôle de marathonien poursuivi par Szell, ancien médecin SS inspiré de Mengele. On a suffisamment raconté qu'il s'épuisait en course et en nuits blanches pour avoir l'air aussi rincé que possible à l'écran. Ce qu'on ignore, c'est qu'il s'est fait installer un sauna sur le plateau et qu'il y passe plusieurs fois par jour, histoire d'avoir les yeux complètement cernés et d'être sur les nerfs. Le sauna à dose excessive, ça vous vide de vos sels minéraux et votre moral en prend un coup, c'est la voie royale vers la déprime. Mais pour Dustin, pas question de s'économiser. C'est ce qui vaut à l'histoire du cinéma un de ses meilleurs mots, proféré sous mes yeux par Laurence Olivier : « *Why don't you just ACT?* » Ce jour-là, même Dustin consent à rire.

Sir Laurence Olivier, et sa distinction native, moine-soldat au service de Shakespeare, je l'admire sans réserve. Ses rôles, Laurence Olivier ne veut pas y laisser de plumes. Mais j'ai envie de lui dire : « Larry, je vous ai vu dans Strindberg, sur scène, avec des fausses dents, le visage grimé et une voix éraillée. Vous ne vous épargnez pas non plus. » Lui aussi va pêcher dans toutes les méthodes, pourvu qu'elles lui permettent de se dépasser. Et puis je découvre à quel point Dustin, à sa manière si différente, est une bête de plateau. Il a tout compris du cinéma. Il se mêle de tout. Le choix des figurants, la moindre question des techniciens. Et, comme partenaire, les coups de pied sous la table sont largement compensés par un professionnalisme hors norme.

À la fin du film, quand Babe découvre que la femme qu'il aime travaille pour l'ennemi, le plan commence sur moi et Dustin se tient derrière la caméra, en off, juste pour me donner la réplique. Il hurle : « *Explain! Explain!* » Puis je vois qu'il pleure. Je suis sidérée et ça me porte. Quand la caméra revient sur Dustin, il a tout donné, il n'a plus une once d'émotion. On doit refaire son plan le lendemain.

Malgré la conscience de son immense talent, Dustin sait ne pas se prendre au sérieux. Dans la scène où on fait l'amour, on est couverts de brume d'eau minérale pour simuler la transpiration, en jean, avec juste le haut du corps dénudé. Au beau milieu du plan, le regard implorant, transi de passion, il me murmure à l'oreille :

— Enlève au moins ta ceinture, ça me fait mal.

J'oublie cette scène, jusqu'au jour où je dois faire la promotion du film à Bâle, au cours d'une tournée européenne. Ça me rend malade que mes parents puissent voir mes seins à l'écran. Je demande à l'attachée de presse que la scène soit coupée pour cette projection dans ma ville natale. C'est impensable, bien sûr, mais j'insiste. Allez, un petit coup de ciseaux et je serai là, sinon vous vous passerez de ma présence. Impossible. Je reviens chez moi, à Paris, où ma mère s'occupe de mon fils pendant mon déplacement. Je lui tourne le dos, face au frigo, quand elle me dit :

— Écoute, ça ne me regarde pas, c'est toi qui décides, mais, à ta place, je ne tournerais pas à poil.

— Pardon ?

— Hier, à la télé, j'ai vu la bande annonce de ton film. Tu es à poil, tu es en train de faire l'amour.

Je glisse doucement le long du frigo, je reste assise par terre avec, soudain, une boule dans le ventre.

— Maman, je suis désolée, je suis allée spécialement à Bâle pour être sûre qu'on couperait cette scène. Pour que tu n'aies pas à changer de coiffeur ni de boulanger. Je ne veux surtout pas que tu aies honte de moi.

— Tu es folle ou quoi ? Tu crois que je ne t'ai jamais vue nue ? Mais ne tourne pas à poil, tu n'es pas sexy, tu n'as pas de seins. Tu es restée une danseuse, on ne sait pas si on te voit de face ou de dos !

Après le tournage, on se baladait souvent à pied dans New York, Dustin et moi, en discutant de cinéma, des idées qui lui venaient à chaque seconde. Comme Al Pacino, il se fichait pas mal des mondanités. Tout ce qu'il voulait, c'était parler boulot. Encore et toujours. C'est lors d'une de ces promenades qu'il m'a dit :

— Je suis petit, je ne suis pas beau, je joue des rôles qui me ressemblent physiquement, des types de la vie ordinaire. Avant, je sortais et j'observais les gens tout le temps, pour me nourrir. Maintenant, c'est fini, si j'entre dans un café, c'est moi qu'on observe.

On ne s'est pas vus pendant près de vingt ans. Et puis, dans une rue de Paris, j'ai croisé une journaliste de *Paris-Match* qui s'apprêtait à l'interviewer à l'hôtel Raphaël. En plein entretien, Dustin a entendu un aboiement qui venait de l'armoire. Il s'est étonné :

— Il y a un chien ?

Avec aplomb, la journaliste a répondu :

— Oui, je l'enferme dans l'armoire pour ne pas être gênée quand je travaille.

Dustin a dit :

— Mais non, voyons, sortez votre chien !

Il est venu ouvrir la porte de l'armoire pour me découvrir derrière, en train de lui tendre la pa-patte. On est tombés dans les bras l'un de l'autre.

Deux jours après la fin du tournage de *Marathon Man*, j'enchaîne avec un autre film américain. Une fois de plus, je n'ai pas à passer de casting, et ce sera ainsi tout au long de ma carrière ; je ne m'explique pas cette chance. John Frankenheimer, le réalisateur, est venu me chercher pour interpréter Dahlia Lyad. Il me propose de passer en studio pour regarder les bouts d'essai d'un de mes partenaires et donner mon avis. Mon agent n'en revient pas. Je me comporte comme si la situation était normale, c'est ma façon de me protéger des émotions fortes. C'est pour *Black Sunday*.

Je suis à l'affiche avec Bruce Dern, acteur à l'éloquente filmographie – *Pas de printemps pour Marnie*, *On achève bien les chevaux*, *Pat Garrett et Billy le Kid* –, et Robert Shaw, comédien britannique de la Royal Shakespeare Company, qui vient de passer deux mois à chasser un requin blanc dans *Les Dents de la mer*. Mes progrès en anglais m'ont permis de lire le scénario, adapté du roman de Thomas Harris.

En Allemagne, à mes débuts, on m'a surtout confié des rôles tragiques. Arrivée en France, je suis devenue un temps la fille rigolote, un peu naïve, pas toujours adaptée au réel. Et puis, avec les réalisateurs américains, la donne change une nouvelle fois. Quand on joue l'Allemande dans des films américains de la deuxième moitié du XXe siècle, il ne faut pas s'étonner d'incarner la méchante ou de finir trucidée. Avant, déjà, Greta Garbo et Marlene Dietrich ont incarné les sulfureuses ; les Américains apprécient l'exotisme des voix graves, des silhouettes en pantalon. Je dois peut-être leur rappeler vaguement quelqu'un. La *girl next door*, ce n'est visiblement pas pour moi, et je ne m'en plains pas. Frankenheimer comme Schlesinger, Pollack ou Wilder sont des Juifs hantés par la Seconde Guerre mondiale. Je les admire. Je m'intéresse davantage aux individus torturés qu'à ceux qui respirent la joie de vivre, davantage aux questions qu'aux réponses.

Avec *Black Sunday*, je vais être servie. Le film repose sur l'ambivalence de tous les personnages. Dahlia est membre du mouvement terroriste palestinien Black September, elle prépare des attentats sans jamais ciller, mais c'est aussi une jeune Germano-Arabe née dans les territoires occupés, dont la famille a été tuée sous les bombardements israéliens. Le capitaine Lander est un paranoïaque agité et puéril, animé par la haine des siens, mais c'est aussi un ancien marine, emprisonné pendant six ans dans les geôles des vietcongs ayant perdu toute foi dans les combats de son pays. Dahlia croise la route de ce dernier, elle compte sur son génie des explosifs et du pilotage pour tuer les 80 000 spectateurs venus assister au Super Bowl à Miami. Kabakov est un agent du Mossad, mais il doute de ses missions et n'est pas loin de s'avouer que c'est son propre pays qui a engendré des jusqu'au-boutistes du genre de Dahlia. Frankenheimer, réalisateur politique, engagé, dénonce ici les violences sécrétées par l'État américain, sous couvert de protéger une population de grands enfants, jamais aussi heureux que devant un match. Et son film interroge le cheminement des trois protagonistes.

Dès le début du tournage, le mélange entre fiction et réalité prend une tournure très étonnante. Je joue dans ce qu'on peut appeler un film catastrophe – un stade entier menacé par un aéronef bourré d'explosifs – et l'ensemble des événements hors plateaux se révèle à la hauteur du scénario.

Je me suis installée avec mon fils, tout gamin, à Los Angeles. La production nous a loué une maison à Fremont Place, un quartier résidentiel privé avec piscine, gardien, jardinier, nurse, assistante, chauffeur et tout le tralala. J'ai dit OK à une condition : le week-end, je veux être seule et tranquille avec mon fils. Un samedi idéal avec Alexandre, c'est alors déjeuner au soleil, nager à la plage de Santa Monica et, ce jour-là, aller voir *Blanche-Neige* au cinéma. Le soir, on sonne à la porte et je pense que la production me fait porter un message. J'ouvre sur une toute petite bonne femme, maigrichonne, le regard furibard. Quand elle met son pied dans la porte, je comprends que ça ne va pas. Mais comme je suis plus costaude qu'elle, je parviens à refermer et à nous barricader. Elle sonne à nouveau. Dans l'interphone, je demande :

— *What do you want?*

Elle me répond :

— *Nothing. Just to kill you.* Et si c'est pas moi, c'est l'organisation qui s'en occupera ; on te tuera pas seulement toi, ton fils aussi.

Je n'entends personne dire « Coupez ». On n'est pas sur un tournage.

J'appelle mon agent, qui se charge d'alerter les flics. Ils trouvent la femme rapidement, ils me rassurent en affirmant qu'elle est inoffensive, juste dérangée, et qu'ils l'ont emmenée se faire examiner dans un service psychiatrique. Alex est dans sa chambre, je réponds succinctement à ses questions : oui, une femme est là, dehors, et elle a l'air méchante. Il voudrait bien savoir si elle a une pomme à la main. Il a adoré *Blanche-Neige*. Je le rassure, sans parvenir à me convaincre totalement que le danger est écarté. Alex est parti chercher son petit pistolet à eau pour me protéger. À 2 heures du matin, c'est le gardien de la résidence qui m'appelle :

— Fermez les fenêtres, n'ouvrez à personne, elle est revenue, elle a un revolver.

En fait, la femme avait caché son arme dans les plantes à proximité de chez moi, et les policiers n'avaient rien vu. Cette fois, ils l'arrêtent et la Paramount nous déménage au Bel Air Hotel, mon fils et moi, sous la protection de gardes du corps.

En vérité, cette femme avait décidé de me tuer. Plus tard, on a appris qu'elle appartenait au mouvement Black September. Elle ne voulait pas que Dahlia meure à l'écran, et pour régler ce problème elle préférait me supprimer dans la vraie vie. Frankenheimer s'intéressait aux motivations de ce groupe radical responsable du « massacre de Munich » en 1972, de l'enlèvement et de l'exécution d'athlètes israéliens pendant les jeux Olympiques. Plus largement, Frankenheimer voulait montrer l'impact du conflit israélo-palestinien dans le monde, devenu obsédant pour l'Occident, et la menace terroriste omniprésente dans l'esprit des Américains.

Un producteur qui veut m'offrir un rôle passe me chercher pour m'emmener dîner. En sortant de chez moi, il se trompe deux fois de direction. Derrière, il y a des policiers à moto qui nous demandent de nous garer sur le bas-côté. Le producteur sort pour la vérification des papiers, je lis la peur dans ses yeux. Le flic a vraiment une sale tête. Gras, luisant de sueur, un cure-dents au coin du bec. Quand il se penche à ma vitre en me faisant signe de la baisser, j'ouvre la portière par erreur. Il gueule :

— *Not the door, the window!*

Il me harcèle de questions absurdes. Alors je me sens bouillir de colère. Je demande au flic si je dois mettre son énervement sur le compte d'un problème sexuel. Je le traite de mal baisé, pour le dire clairement, avant de lui expliquer qu'il fait un boulot à la con. Son cure-dents en tombe de sa bouche. Je suis menottée. Ils nous traînent au poste, avec interdiction d'appeler un avocat dans les premières heures.

On pourrait croire que c'est suffisant pour nourrir l'histoire d'un tournage haut en couleur. Mais non, ça ne s'est pas arrêté là. Lander et Dahlia devaient fuir les garde-côtes en pleine nuit sur un hors-bord, à pleins gaz. Le propriétaire du bateau était censé doubler Bruce Dern pour cette cascade. Et j'avais ma propre doublure. Je ne voulais pas de doublure. J'ai demandé à monter dans l'engin. Quand le propriétaire du bolide est arrivé, il sentait l'alcool à plein nez. Là, je n'étais plus du tout confiante. Je pressentais l'accident. Quand on est passés à toute vitesse devant d'énormes embarcations en partance pour la Chine, les plus gros bateaux du monde, j'ai distingué un phoque sur l'un d'entre eux. J'ai pensé : *C'est la dernière image que je vois*. Le pilote a frôlé un pilier, on a entendu une explosion. Les techniciens qui tenaient les caméras ont filmé deux corps projetés en l'air juste avant de retomber dans l'eau. Le pilote est mort. Je me suis réveillée le lendemain à l'hôpital.

On a repris le tournage, et je devais être un peu survoltée par l'ambiance particulière sur le plateau et en dehors. Il y avait cette scène fameuse où Kabakov, l'agent du Mossad, renonce à me tuer sous la douche parce que je suis désarmée. La veille, le maquilleur me propose un joint. Je rigole.

— C'est pas mon truc.

— Comment tu le sais, si t'as jamais essayé ? Ton personnage doit être stone dans la scène, c'est le moment ou jamais.

Je m'aventure, avec un peu trop d'assurance :

— Quand on est contre, ça marche pas.

Le lendemain, j'arrive le ventre vide aux studios de la Paramount à 5 heures du matin. Je m'installe dans ma « loge », une maison de trois étages à mon nom, avec à mon service exclusif une attachée de presse, une coiffeuse, un assistant, un maquilleur pour le visage, une maquilleuse pour le corps, comme l'exigent les syndicats. Je suis censée jouer une Palestinienne à la peau mate. On commence par m'enduire le visage de fond de teint. Le maquilleur insiste et, bien que je n'aie jamais fumé de joint, je relève le défi. Le premier ne me fait aucun effet. Je dis crânement :

— Tu vois, ton truc, c'est pas pour moi.

J'en prends un deuxième, puis un troisième, pendant qu'on me couvre le corps de crème teintée. Et puis ça dérape. Dans un dernier geste de pudeur, je m'enroule dans une serviette-éponge, et je me mets à quatre pattes. J'aboie, car à ce moment-là je me prends pour un berger allemand. L'équipe est catastrophée, elle anticipe l'énorme savon que va lui passer Frankenheimer. On tente de me mettre sur un vélo pour que je gagne le plateau, mais je bascule de droite à gauche. On me jette dans une voiturette, du genre de celles qu'on trouve sur les terrains de golf. Je déboule dans le lit du pauvre gars qui joue mon amant d'une nuit, c'est son seul jour de tournage et, en bon chien, je mords l'intrus. J'insiste pour que la coiffeuse, venue faire le dernier raccord, brosse aussi mon pelage sur le dos.

On m'a expédiée dans ma loge, avec ordre de me ressaisir au plus vite. Chaque fois que je fumais une cigarette, ça repartait. Je me prenais pour un chien. Ça a duré deux jours. C'est un très bon souvenir. À l'écran, on me voit même japper une seconde, si on est au courant. Et dans la scène de la douche, il est clair que je suis complètement stone.

Qui m'a parrainée pour être membre de l'Actors Studio ? Je ne m'en souviens plus. Sans doute Al Pacino. L'école d'art dramatique a été fondée, entre autres, par Elia Kazan pour les comédiens professionnels. Et elle est gratuite. Les locaux se trouvent dans une église en briques désaffectée à New York. On s'y rend entre deux engagements pour progresser, comme dans un garage où on va réparer sa voiture quand elle est à plat. Marilyn Monroe, James Dean sont passés par là. Le mardi et le vendredi, il y a deux sessions. Les acteurs présentent une scène et les membres de l'Actors Studio, comédiens renommés, metteurs en scène et dramaturges, posent des questions : pourquoi tu as choisi ce rôle, cette scène ? Quelles sont tes motivations intimes ? Puis c'est au tour du public, des professionnels exclusivement, de dire ce qu'il aime ou pas dans l'interprétation.

Quand j'y suis arrivée, c'était Lee Strasberg qui dirigeait l'école. Je participais parfois aux discussions. Mais j'adorais surtout observer, c'était le plus important. Lee avait réinterprété la méthode Stanislavski en partant du principe que pour donner naissance à un personnage, pour le faire véritablement exister, pour imaginer ses émotions dans un jeu sans artifices ni séduction, il fallait utiliser sa mémoire affective, puiser dans son enfance, savoir d'où on venait et pourquoi on était là. C'est dangereux. Ça vous fragilise. Parfois, à l'Actors Studio, quand un comédien ouvre les portes de ses affects, on a l'impression d'être chez le psychiatre. D'autres fois – le plus souvent –, c'est très instructif.

Pour faire monter la tristesse, il suffit de penser à ce qui se passe autour de soi, d'être ouvert à la vie. J'essaie de ne pas utiliser des souvenirs trop personnels, ni des émotions trop directes. Ce qui est beau, c'est quand le public pleure, pas l'acteur. En fait, il n'y a pas de règles. Si je ne parviens pas à pleurer, je dépose un peu de pommade au camphre au coin de l'œil. Ou j'écoute du Mahler, c'est très efficace. Le silence aussi suscite des émotions. Pendant le tournage de *La Formule*, j'avais dit à Marlon Brando :

— Ne soyez pas étonné si je ne vous réponds pas tout de suite, je vais glisser un silence au cœur de ma réplique.

Il m'avait répondu :

— Alors placez-le au milieu de la phrase, si vous voulez vous assurer qu'il ne soit pas coupé au montage.

Malgré tout, malgré la qualité de l'enseignement à l'Actors Studio, je reste une comédienne formée sur les scènes européennes, et j'ai surtout besoin d'apprendre mon texte. Si je ne le connais pas sur le bout des doigts, je suis déstabilisée, je me sens nulle, lourde. Je n'ai pas assez de talent pour travailler dans le chaos. La colonne vertébrale d'un acteur, c'est le texte. Cachée derrière, je n'ai peur de rien. Je dois pouvoir faire le poirier en le récitant. Si c'est le cas, je peux être une autre, être en mouvement perpétuel, et là, improviser.

J'ai vu Isaac Stern diriger une master class et dire à l'un de ses jeunes musiciens prodiges : « Toi, tu devrais manger avant le concert. Tu serais meilleur. » J'aime le côté sportif du métier, les petits trucs.

J'aime aussi être entendue. À mes débuts, je me colle des bouchons de liège en travers de la bouche en répétant mon texte. Des professeurs particuliers anglais ou français me font articuler des phrases sans queue ni tête mais bourrées de consonnes juxtaposées, m'apprennent à respirer, à maîtriser le timbre de ma voix. Déjà, beaucoup veulent imiter Marlon Brando qui joue sur une diction très particulière, faussement négligée. Mais c'est Brando. Je comprends rapidement que, sur certaines scènes, on croit plus naturel de mâchouiller son texte entre haut et bas, estimant qu'être généreux avec le spectateur, qu'avoir de la technique, c'est conventionnel, théâtral. Et je me dis que ce sont des sottises. Plus tard, je verrai mon amie Nada Strancar, une des comédiennes préférées d'Antoine Vitez et de Patrice Chéreau, enseigner au Conservatoire national supérieur d'art dramatique. Sur le point de l'articulation, elle sera d'une exigence redoutable avec ses élèves. Et ils se battront pour suivre ses cours.

Ce qui constitue mon personnage tient à des riens, à la longueur de ses ongles, à sa démarche, à sa voix plus ou moins grave. Le *body language*, les détails qui trahissent la classe sociale, c'est une part essentielle de la recherche personnelle d'un acteur et ce n'est pas le fruit d'une émotion brute, c'est réfléchi.

Sydney Pollack affirmait que *Bobby Deerfield* était le film qui en disait le plus long sur lui, sur sa nature désespérée. Al Pacino, pareil : il a expliqué qu'il se sentait très proche du personnage de Bobby, lui qui est aussi un mélancolique, un introverti, malgré les apparences dues au fait que c'est le plus grand bavard que je connaisse. Al Pacino peut parler de Shakespeare pendant des jours et des nuits, décortiquer un personnage jusqu'à l'évanouissement, mais, quand il s'agit de lui, de son intimité, il faut s'accrocher pour obtenir l'ombre d'une confidence.

Pendant le tournage de *Black Sunday*, mon agent m'annonce que Sydney Pollack envisage de me proposer de jouer dans son prochain film, avec Al Pacino. J'ai Sydney Pollack au bout du fil. Il me dit :

— Je veux que ce soit vous, il n'est pas question d'essai, mais c'est Al qui décidera. Allez le rencontrer à New York. Un conseil, évitez de mettre des talons.

Je réside à Los Angeles depuis des mois, la perspective d'un week-end à New York m'enchante. Al Pacino, Sydney

Pollack, ces deux monstres sacrés, j'évite d'y penser. Je me dis : *Si ça ne marche pas, eh bien, ce ne sera pas un drame.* Le rendez-vous est fixé au Park Lane, au bar du premier étage de l'hôtel. Je me présente avec une demi-heure d'avance, afin d'être assise quand Al Pacino arrivera. L'essentiel, c'est qu'il ne s'aperçoive pas que je le dépasse de 5 bons centimètres avant la signature du contrat.

Tout se déroule au mieux. Al Pacino monopolise la conversation. Et puis des grooms se mettent à arpenter le hall en brandissant des pancartes à mon nom. Je feins de ne rien voir. Pas question de me lever et qu'Al découvre ma taille. Il s'étonne :

— On vous demande au téléphone.

— Non, non, ce n'est pas pour moi.

Al insiste.

— Mais si, vous devriez y aller.

En fait, à peine débarquée dans la ville, j'ai proposé à Dustin Hoffman de me rejoindre au bar du Park Lane pour un verre, sans lui dire avec qui j'avais rendez-vous, pour la surprise. C'est lui qui me fait appeler de la réception. Je me lève à moitié pliée, rasant les murs. Al me demande :

— *Something wrong with your legs?*

— Non, mais je suis un peu grande.

Je prends Dustin au téléphone, lui dis de monter, et je me rassois au plus vite, espérant qu'Al oublie ma taille. Dustin déboule à notre table. Je vois Al faire la tête tout à coup, Dustin aussi, qui tourne les talons rapidement. J'ignore que les deux hommes ne s'entendent pas. Je n'ai plus besoin de m'en faire à cause de ma taille, j'appelle Sydney en sortant pour lui dire que ça ne marchera pas. J'ai gaffé. Et Sydney me répond :

— C'est bon, Al m'a téléphoné, il est OK pour jouer avec vous.

Sydney Pollack, j'adorais ce qu'il était. Ses angoisses profondes, son immense culture, *On achève bien les chevaux* qui était sorti sept ans plus tôt. Et puis *Bobby Deerfield* était un film européen, basé sur le roman *Der Himmel kennt keine Günstlinge*, d'Erich Maria Remarque, un écrivain né à Locarno, un compatriote. C'est une histoire d'amour entre un célèbre pilote de formule 1 hanté par la mort et une jeune femme atteinte d'une leucémie incurable, dévorée par son appétit pour l'existence. Lui joue avec la mort, elle ne pense qu'à vivre. Ce film en dit beaucoup aussi sur cette Amérique des années 1970, hégémoniste, surpuissante, qui se cherche pourtant, qui n'est plus sûre de rien. Mon personnage, à l'inverse, incarne une vieille Europe sans illusions mais qui profite de ses derniers feux.

On tourne les extérieurs dans le bois de Boulogne, sur le lac, en Italie, et à Loèche-les-Bains. Je suis si heureuse de ne jouer ni une terroriste ni une complice de nazis. Même si mon destin dans les films américains consiste encore et toujours à mourir à l'écran.

Avec Sydney Pollack, si perfectionniste, j'ai trouvé un pygmalion. J'écoute ses directions avec application. Al Pacino interprète ses scènes en suivant ses intuitions, rien d'autre. Parfois, Sydney et lui ne sont pas d'accord. Après dix prises toutes identiques, Sydney lance :

— Allez, Al, cette fois on va la faire à ma façon.

Al écoute attentivement ce que Pollack lui répète et il répond :

— OK.

Et il n'en démord pas, il recommence avec les mêmes intonations, les mêmes gestes, les mêmes déplacements. S'il sent les choses différemment, Al ne peut pas s'adapter à la vision d'un réalisateur. C'est un immense acteur. Impressionnant aussi à force d'entêtement. Un vrai pitbull. Surtout, il ne peut pas mentir.

Pollack est précis, exigeant, mais il a aussi cette capacité à capter les moments de grâce. Quand Bobby dit : « J'ai juste besoin de parler à quelqu'un », son regard, à ce moment-là, me bouleverse. J'aime aussi la scène où les touristes prennent Bobby et Lillian en photo. Et j'aime leur première rencontre. Elle est très espiègle, joyeuse, et lui, sur la réserve. Pour cette scène, on répète dans les studios de Boulogne-Billancourt, et je ne me suis pas réveillée. J'arrive en retard. Or, je suis toujours à l'heure. Je suis morte de honte. Je n'ai pas pris le temps d'avaler un petit déjeuner, je demande un bout de pain à l'assistante, et tout en mâchonnant, tournant le dos à Al, je commence à dire ma réplique. Sydney lance :

— Tu fais la même chose au tournage.

Et, à l'écran, on me voit en train de grignoter alors que commence le dialogue.

C'était typique de Pollack, le contraire de Billy Wilder : il prenait ce qui arrivait de bon et il le fixait. Le langage du corps, c'est capital à l'image si on veut traduire les non-dits.

À l'inverse d'Al, je n'osais pas marquer de vrais désaccords avec Sydney Pollack. Mais, au fil des jours, j'avais envie de m'exprimer. À la fin du roman de Remarque, Bobby débranche par amour la femme en train d'agoniser, pour ne plus la voir souffrir. C'est très beau.

J'ai demandé à Pollack :

— Pourquoi avoir changé la fin ?

Il m'a expliqué :

— En Amérique, on ne peut pas montrer ça, ça ne passerait pas auprès du public.

J'ai trouvé ça dommage. Je n'ai pas insisté, mais j'ai compris qu'aux États-Unis même un réalisateur de son envergure redoutait constamment le couperet du public. Je crois que ça n'a pas très bien marché à la sortie, même si c'est devenu un film très apprécié des cinéphiles avec le temps.

Et je garderai, du tournage de *Bobby Deerfield*, cette scène. En plein tournage à Loèche-les-Bains, je dis à Al :

— Je vais à la gare chercher Olga.

— OK, je viens avec toi.

Olga Horstig, mon agent, descend du train et elle tend sa valise à Al, sans un regard pour lui, le prenant pour le porteur.

Je lui balance, faussement sérieuse :

— Dis donc, tu sais à qui tu fais porter ta valise ?

Elle ne savait plus où se mettre. Mais Al Pacino avait pris la valise, sans la ramener, sans même se demander si mon agent se foutait de lui. En toute simplicité, comme toujours. Et il ne se posait pas la question de la simplicité, nécessaire ou pas, quand on a une telle notoriété. Ça le dépassait, ce genre de considérations. Et ça l'emmerdait aussi.

En dehors des plateaux, Al et moi, on parlait sans arrêt du métier. Comment être quelqu'un d'autre, comment descendre dans la profondeur d'un texte et d'un personnage. On parlait de théâtre. De la méthode de Lee Strasberg, avec lequel il avait un rapport filial. De ma formation sur les planches en Allemagne, qui l'intriguait. D'écrivains comme Heiner Müller ou Thomas Bernhard, que j'avais joués sur scène et qui le fascinaient, lui qui n'avait jamais interprété des textes qu'écrits dans sa langue. D'Oscar Wilde, de sa vie en prison, de la beauté mystérieuse de ses écrits. De Tchekhov, de Shakespeare – dans la voiture, sur la route qui séparait Loèche-les-Bains de Florence, on avait écouté Al réciter du Shakespeare pendant six heures. De la musique, dont il a besoin autant que moi. Les dimanches après-midi pluvieux, il me faisait écouter les voix, les phrasés de la Callas, comparer les ténors Di Stefano et Pavarotti. Toujours du lyrique italien. La culture le projetait hors de la réalité, le plongeait dans une sorte de transe. On parlait le même langage.

Dès qu'on sortait de son périmètre de sécurité, les mondanités, par exemple, il savait se montrer moins enthousiaste. Pour l'avant-première de *Bobby Deerfield*, une fête était prévue, *opening night* au Tavern on the Green, le restau chic de Central Park. Je m'étais acheté une petite robe noire, j'étais prête pour la grande soirée de la Warner Bros. Al rentre de répétition. Il me dit :

— Si tu y vas, c'est fini. Je ne foutrai pas les pieds dans ce truc.

J'ai enlevé ma robe et je me suis couchée. Sydney Pollack et la prod étaient furieux de notre absence. Al ne risquait rien avec son statut de star, mais à moi, ça m'a coûté cher. Même si je n'élaborais jamais de stratégie pour obtenir un rôle, jamais de plan de carrière, même si je me protégeais en évitant d'accorder trop d'importance à des propositions aussi extraordinaires que celle de Schlesinger ou de Pollack, j'étais fière de représenter ce film. Tout le monde a été fâché contre moi pendant des mois.

Nous étions invités partout mais fuyions les mondanités. Nous avons fini un jour par accepter l'invitation de Jimmy Carter à la Maison-Blanche. Dans le vol de New York pour Washington, j'ai très mal au dos, mais je ne m'y attarde pas. Je m'étonne surtout d'être admise à la Maison-Blanche avec mon bref passage au KPD. Puis, nous y sommes. Jimmy Carter s'avance vers nous. Je me tourne vers Al et je chuchote :

— Qu'est-ce que je dois lui dire ? Qu'est-ce qu'on dit au président des États-Unis ?

Il marmonne entre ses dents :

— Tu vas trouver quelque chose.

Carter me prend la main.

— *You look beautiful.*

Je réponds aussi sec :

— *You too.*

Al pirouette sur ses talons pour cacher son fou rire. Ça commence bien. Un conseiller me guide pour une visite du bâtiment. J'ai de plus en plus mal au dos, mais je demande à voir la roseraie.

— Vous voulez finir avec la *Top Secret Room* ? « *You're sure?* »

Face aux écrans, là où se décide en secret le sort du monde, je vois les manifestations en Iran.

Je dis :

— C'est étrange de me laisser voir ça, je pourrais être une espionne.

Le type m'explique que toute la vie d'un invité de la Maison-Blanche est passée au crible ; ils savent tout de moi. Même que j'ai été au KPD, à Berlin.

— Vous êtes très naïve, conclut-il.

Carter est de nouveau à côté de moi, souriant. Un blanc. Je me réveille à des centaines de kilomètres dans un hôpital new-yorkais. Les médecins me disent que, sans transfusion, j'y passerai dans les vingt-quatre heures. Nul ne sait comment, mais je suis atteinte d'une septicémie foudroyante. J'apprends aussi que, avant d'être transportée en hélico, je me suis étalée au pied du Président en perdant conscience. Je suis restée cinq semaines à l'hôpital.

Dans le fond, je partage la désinvolture d'Al vis-à-vis de l'ambition sociale. Et je lui suis reconnaissante de ne jamais me sentir mal à l'aise avec lui. Je ne redoute jamais son jugement. On vient de la même *middle class*. Un jour, bien après *Le Parrain*, on va voir sa grand-mère. Avant qu'on parte, elle lui glisse 5 dollars dans la poche pour qu'il se fasse plaisir. Quand vous avez été élevé par des gens pareils, vous ignorez tout de la posture ou de la frustration. C'est la philosophie de vie que mes parents m'avaient transmise.

Alors que je suivais mes cours à Munich, j'étais revenue passer quelques jours chez eux. J'avais à peine franchi le pas de la porte qu'ils m'avaient annoncé :

— Tu ne vas pas le croire, on a le téléphone.

On était tous autour de la table quand il a sonné pour la première fois. Ils ne bougeaient pas, un peu effarés à l'idée de répondre. Ma mère a fini par se lever. Il y avait un miroir à côté du téléphone mural. Avant de décrocher, elle s'est recoiffée, a enlevé son tablier. Puis, l'appareil en main, elle a respiré un grand coup et elle a dit :

— Ici, chez Keller.

J'ai raconté cette scène à Al, il était bien placé pour comprendre ce qu'elle avait de touchant.

Photos de Marthe Keller envoyées à Philippe de Broca, qui était à la recherche d'une comédienne pour interpréter Amélie, baronne de Coustines, dans le film *Le Diable par la queue* (1969).

Premier rôle au théâtre dans *Les Brigands* (1965).

Marthe Keller dans *Les Trois Sœurs* (1979), avec Nelly Borgeaud et Sabine Haudepin.

Sur le tournage de la série *Wagner* de Tony Palmer (1983) avec Vanessa Redgrave.

© Descamps

Marthe Keller et Louis Velle lors du tournage de la série *La Demoiselle d'Avignon* (1972).

© Lacompe

À New York avec son fils, le 15 février 1980.

Cannes, 1974. Marthe Keller remet un prix à Jack Nicholson (meilleur acteur) et Francis Ford Coppola (Palme d'or).

Avec John Schlesinger, réalisateur de *Marathon Man* (1976), et John Frankenheimer, réalisateur de *Black Sunday* (1977).

Sur le tournage de *Bobby Deerfield* (1977) avec Al Pacino.

Devant les studios de la Paramount Pictures.

— Ce soir, mets-toi sur ton trente-et-un. Tu es invitée à un dîner dont tu ne te remettras pas. Il faut que tu joues la star.

C'est l'attaché de presse de la Paramount qui me fait ces recommandations. Je n'ai rien dans ma penderie pour « jouer la star ». Je trouve un ensemble veste et pantalon blanc au coin de l'avenue, j'ajoute une étole en fourrure et un béret, blancs aussi. Pas mal ! Au restaurant du Beverly Hills Hotel, je découvre Otto Preminger, George Cukor, William Wyler et Billy Wilder, la brochette des plus grands réalisateurs du cinéma américain du XXe siècle. Ils sont sarcastiques, malins, érudits, avec cet humour désenchanté tout droit venu d'Europe centrale. J'observe, j'écoute plus que je ne parle.

Un an passe. Un jour, mon agent m'annonce :

— Billy Wilder vient te voir à New York.

J'ai dû mal entendre.

— Quoi ?

— Billy Wilder fait le voyage pour te voir.

D'habitude, c'est moi qui me déplace pour rencontrer les réalisateurs où bon leur semble. Je n'ose y croire. Mais si, Billy Wilder est bien là, assis dans mon salon d'un immeuble de Central Park West.

Il me parle de son prochain film, *Fedora*, et du rôle-titre. Pour ne pas rêver, pour me calmer, je demande combien d'actrices sont pressenties. Il me répond :

— Vous.

— Pourquoi moi ?

— Parce que je n'ai pas oublié ce dîner à Los Angeles, vous étiez une star.

C'est bien la première fois qu'on me dit un truc pareil. Il faut avouer que je porte plus souvent des joggings que des étoles en fourrure blanche. Billy repart. Le contrat est signé un mois après. Et l'enfer commence.

Je ne dévoile pas un secret, les tournages avec Billy Wilder étaient réputés pour être aussi harassants qu'enrichissants. Le jour des essayages filmés, Billy me dit :

— Cours.

À ce moment-là, je suis censée jouer Fedora, une comédienne recluse pour des raisons mystérieuses, à trois âges différents. Laquelle des trois Fedora veut-il voir courir ?

— On ne court pas de la même manière à 16 ou à 80 ans.

Il ricane et dit :

— On y est, tu vas me la faire à l'Actors Studio.

Et, dans la bouche de Wilder, ce n'est pas un compliment. Schlesinger, Pollack comme Frankenheimer venaient du documentaire pour la télévision, ils laissaient une marge de manœuvre aux interprètes, j'avais pris l'habitude de cette souplesse dans le travail.

Je continue sur ma lancée :

— Ajouter des rides à une actrice, ce n'est pas un problème. Mais le regard, vous ne pouvez pas le vieillir. Vous devriez prendre une autre femme pour Fedora au seuil de la mort.

Il s'étonne :

— C'est rare, une actrice qui refuse de jouer tous les rôles.

— Je pense au film, pas à ma présence à l'écran.

Il engage Hildegard Knef, une actrice allemande, pour incarner la fin de Fedora. C'est ma première victoire face à Billy Wilder, et la dernière.

À Corfou, au premier jour de tournage, la scène n'est pas simple : je dois chanter, danser et jouer en même temps. Autour des caméras se sont massés des centaines de touristes allemands. Discrètement, je vais dire à Billy :

— Est-ce qu'on pourrait faire en sorte qu'il y ait un peu moins de monde autour des caméras ?

Il se poste le plus loin possible de moi et, dans le haut-parleur, révèle aux curieux le montant de mon cachet pour le film.

— Pour cette somme, tu y vas. Action ! lâche-t-il.

Quelques minutes plus tard, je rejoins Mario Adorf, un acteur plus que confirmé, qui interprète ici l'hôtelier de William Holden, alias Dutch. Mario me dit :

— Marthe, je ne vais pas pouvoir jouer avec un type pareil.

Après le cut, il venait de demander à Billy :

— Je peux la refaire ? Je la sens bien maintenant.

Et Wilder s'était contenté d'une de ses réponses cruelles et sans appel :

— *No, you had your chance.*

Une autre fois, je joue Fedora épuisée par les drogues et les médicaments, j'ai des lunettes noires, rendues fameuses par l'affiche du film, les cheveux qui tombent sur le visage, je relève une mèche. La sentence ne se fait pas attendre :

— *Cut, cut cut!* Qui t'a demandé de faire ça ?

Toujours à cause du regard, Wilder a dû choisir entre la couleur des yeux de Hildegard Knef et la mienne. Il a tranché pour le vert de ma camarade. Je dois porter des lentilles. À l'époque, elles sont en verre et font un mal de chien à la longue. Alors que je suis supposée jouer un jour entier le regard caché par les lunettes noires, je demande à enlever les verres de contact. Réponse : « *No.* »

Tout ça m'énerve sans m'affecter vraiment. Mais s'il n'y avait que Wilder pour imposer son despotisme ! Le scénariste n'est pas en reste. Diamond se tient dans l'ombre du maître, à l'affût de nos moindres répliques. J'ajoute un « *and* » qui n'est pas écrit, et je l'entends toussoter.

— *CUUUT.*

J'ajoute un silence, le temps d'une virgule :

— *CUUUT.*

Diamond tousse chaque fois qu'il veut marquer sa désapprobation. Et Wilder coupe. Après coup, ce respect maladif du texte, comme d'une partition, m'inspirera du respect. Mais quand Wilder pousse trop loin le bouchon, je lui parle en allemand. On s'engueule en boche. Après une dizaine de jours de tournage, je suis au bout du rouleau à force de rage contenue. J'appelle Lee Strasberg, qui est mon voisin de palier à New York, en plus d'être le meilleur ami d'Al et un homme en qui j'ai toute confiance. Je lui dis :

— Lee, je ne sais plus quoi faire. Je sais que Wilder est un génie et que moi, je ne suis rien. Mais je m'en fous, je ne veux pas me bousiller pour un tournage.

— Marthe, pense au sujet du film. Wilder évoque une autre époque. Celle où les actrices étaient les choses des studios et des réalisateurs. C'est l'époque du « Sois belle et tais-toi ». C'est ce que tu dois jouer dans le film et sur le plateau. Dès que tu quittes tes vêtements de ville pour enfiler ton costume, tu fais ce que le maestro exige. À partir de demain, tu ne discutes plus rien.

Après cet échange, je me sens légère. En quelques mots, Lee m'a donné le seul conseil valable et la distance nécessaire pour endurer la fin du tournage. Désormais, quand je repose un verre à 1 centimètre de sa place initiale et que Wilder me reprend : « Le verre n'était pas là », je réponds : « *Oh, terribly sorry.* » Quand j'ai un jour de relâche et que je m'en réjouis – « C'est Noël ! » – mais que Wilder exige de me voir sur pied à 5 heures du matin pour la presse, je m'exécute. J'ai compris que je n'aurai pas droit à un cadeau. Je m'amuse même à jouer la poupée. J'ai deux rôles : celui de Fedora, une star déchue qui subit son sort, et celui de Marthe, une actrice privée de liberté.

Billy Wilder est tellement drôle malgré tout, on ne peut pas lui enlever ça. Un humour ravageur, mais toujours aux dépens des autres. En plein tournage, lors d'un dîner important avec la production, il me dit :

— Tu étais trop jeune dans le plan de ce matin. Tu dois faire attention. Tu dois voir ton personnage comme une femme de 45 ans qui se serait fait faire plusieurs liftings.

Il interpelle sa femme, Audrey, qui siège à l'autre bout de la table.

— Audrey, j'oublie toujours, combien de liftings tu as faits ?

Elle dresse quatre doigts par-dessus son épaule, sans sourciller, sans interrompre sa conversation. Billy revient à moi :

— Alors fais comme ma femme.

Je l'avais déjà compris au Beverly Hills, ces immenses figures du cinéma d'avant guerre ne brillaient pas par leur altruisme. Et Wilder était peut-être le plus amer de tous. Il avait trouvé difficilement le financement de *Fedora*. Tout l'agaçait. Surtout de voir la fin de son rayonnement, la fin d'un monde sur lequel il avait régné. La fin d'une époque où l'on arrachait les dents de sagesse de Greta Garbo pour creuser son visage, où l'on cassait les pommettes d'une débutante, où les studios décidaient de la couleur des vêtements d'une actrice sous contrat, de ce qu'elle mangeait en public et du petit ami qui s'affichait à son bras. C'était pourtant le même homme qui avait su, trente ans plus tôt, et avec quel brio, filmer la mort lente d'une gloire du cinéma muet dans *Boulevard du crépuscule*. Comme avec *Fedora*. Mais son heure était passée. Dans son roman *Billy Wilder et moi*, l'écrivain britannique Jonathan Coe décrit ce moment charnière où les « barbus » arrivent à Hollywood. C'est ainsi que Billy Wilder appelle la bande de Steven Spielberg, des réalisateurs auxquels tout réussit un demi-siècle plus tard, et qui cultivent une ambiance relax sur les tournages. Billy Wilder ne peut pas s'y faire, *Fedora* sera son avant-dernier film, puis viendront l'échec cuisant du suivant et sa retraite.

Pour la sortie du film en France, je suis au premier étage du Flore. Je ne me prive pas de parler du génie du réalisateur de *Fedora*, du tournage « merveilleux », de la chance incroyable d'avoir joué dans ce film. Et puis, face au journaliste qui a eu vent des conditions de travail avec Wilder, le démon de la vérité me reprend, et je pense : *Soit tu te mets à table, soit tu ne pourras plus jamais te regarder dans une glace.* C'est aussi une délivrance de pouvoir dire dans un sourire :

— Eh bien, Billy peut être un sacré dictateur de temps en temps.

Le lendemain, à la une des pages culture du *JDD*, on peut lire : « Marthe Keller à propos de Billy Wilder : c'est un dictateur. » Je suis contrariée de la place démesurée qu'on accorde à cette petite phrase. À la fin des années 1970, cependant, on fonctionne encore au fax et à la photocopie, pas de réseau internet, il n'y a aucune raison que Billy ait connaissance d'un article sorti en France, et destiné à être oublié le lendemain de sa parution. Mais Marlene Dietrich veille sur la réputation du maître depuis son antre de l'avenue Montaigne. Elle lui lit le titre du papier au téléphone. Billy m'appelle, fou de rage. Je suis très mal, je connais la règle tacite de notre métier, on garde pour soi les mauvais souvenirs de tournage. Je me défends :

— Billy, je n'ai fait que votre éloge pendant l'entretien. Ce n'est pas terrible d'avoir lâché cette phrase devant un journaliste, j'en conviens. Mais je ne dis que la vérité et je ne la regrette pas.

J'ai un peu honte de le répéter aujourd'hui encore, mais avoir un immense esprit n'empêche pas d'avoir des qualités humaines.

Grâce à Billy Wilder, j'ai appris à souffrir sur un tournage. Ce n'est pas la meilleure méthode avec moi, j'ai tendance à fermer la boutique en cas de conflit avec un réalisateur, mais je savais qu'étant passée par là, je pourrais désormais tout endurer. Al, qui était venu assister dans l'ombre au tournage, m'avait dit qu'il lui aurait été simplement impossible de travailler dans des conditions pareilles. Mais William Holden, auquel j'avais demandé comment il supportait Wilder, lui qui avait joué dans *Boulevard du crépuscule*, m'avait répondu dans un éclat de rire :

— Je souffre comme toi, mais chaque fois que je joue dans un de ses films, j'ai une nomination aux Oscars.

En montrant une époque révolue, Billy Wilder avait réalisé un film qui parut dépassé à sa sortie, en 1978, au regard de films comme *Marathon Man*, pour ne citer que lui. Il fallut plus de vingt ans pour que ce décalage temporel s'efface, et que *Fedora* devienne un classique, placé au rang des chefs-d'œuvre indémodables.

On s'est réconciliés, Billy et moi. Quelques mois après l'article du *JDD*, il m'invite à dîner chez lui avec mon agent. Il est toujours aussi râleur, à bougonner parce qu'il n'arrive pas à déboucher une bouteille de vin. Je l'aime bien, au fond : pour faire rire la galerie, il n'a pas de rival. Et le tournage de *Fedora* ne me fait pas oublier l'autre Billy : le fils désespéré qui n'a jamais retrouvé sa mère après la Shoah, le réalisateur de *Certains l'aiment chaud* ou d'*Assurance sur la mort*, le monstre sacré venu s'asseoir dans le salon d'une jeune actrice pour lui offrir la chance de passer derrière sa caméra.

Au début du film de Billy Wilder, on voit la dépouille de Fedora et le défilé de ses lugubres admirateurs venus lui rendre un dernier hommage. Pour cette scène, des techniciens ont fabriqué mon masque mortuaire. Le lendemain, je décide d'emmener mon fils, qui n'a pas école, sur le tournage. À 5 ans, il risque d'être choqué de voir sa mère dans un cercueil. Il est trop petit pour se hisser à sa hauteur, mais je précise à tout le monde :

— Que personne ne le porte, surtout.

Ce que je n'avais pas prévu, c'est que ma propre mère sortirait de la salle de cinéma, refusant de contempler sa fille sur son lit de mort.

Après avoir été tuée quatre fois de suite sur les écrans américains, il est temps de ressusciter. Et je ne connais rien de mieux qu'une scène de théâtre pour se sentir en vie. Je ne peux pas dire que je préfère le théâtre au cinéma. Quand on me pose cette question, j'ai l'impression qu'on me demande si je préfère mon père ou ma mère. Au théâtre, on est sujet ; au cinéma, on est objet.

Quand un film est terminé, on éprouve un vrai soulagement. Fini les réveils à 5 heures du matin, l'attente plus éreintante qu'on ne le pense, les réalisateurs souvent sous pression parce que l'enjeu économique est énorme. Fini de jouer en chemisier alors qu'on grelotte en plein hiver. Ou de travailler une scène qu'on ne tournera pas à l'aube pour des raisons techniques, mais quand on y revient le soir, on n'est plus dans la même énergie. Une seconde avant « Moteur ! », même s'il s'agit d'une scène délicate, l'habilleuse vient ajuster votre col, vous épousseter les épaules, la scripte remet votre montre à l'heure… C'est leur boulot, mais je n'aime pas qu'on me touche juste avant de jouer, j'ai envie de dire : « Laissez-moi dormir. » Notre métier, j'appelle ça « le grand sommeil ». Quand la conscience reste en alerte, c'est une entrave au jeu, parfois. Le grand sommeil, c'est un mélange d'abandon et d'hyperconcentration. « Concentration » est l'un de mes mots préférés. C'est un moment de grand calme où tout est réceptif, vibrant, connecté en vous. Dans cette concentration, les sens sont en éveil, on sent mieux, on voit mieux. L'état semi-somnambulique me permet d'oublier ce qui m'entoure, surtout le spectateur que je connais dans la salle et dont je redoute l'avis. On rêve et on observe en même temps. L'intérieur et l'extérieur se côtoient. La concentration, c'est le bonheur, on devrait vivre chaque jour comme si on était sur scène. Quand je joue au théâtre, on ne peut pas me parler après 16 heures. Je fais des exercices de diction. Je répète en marchant, car le texte se fixe mieux grâce à l'oxygénation du cerveau. J'écoute de la musique, je m'extrais du réel.

À l'avant-première d'un film, on découvre ce qu'une scène, tellement travaillée, est devenue au montage et on se dit : *Si j'avais su, je l'aurais jouée différemment.* Ou le gros plan, dont on n'avait plus le moindre souvenir, mais tourné le jour où on était exténué. Sur scène, on entre lentement dans le texte, on vit l'aventure chronologiquement, on n'entend jamais le mot « Coupez ». On est sujet, pas objet. On décide que ce soir on est trop stressé, qu'on va ralentir le rythme, et ça change la représentation. On se souvient longtemps du texte. Après un film, j'oublie tout de mes répliques.

Enfant, quand on m'offrait des chocolats avec des photos de stars à collectionner, je trouvais ça très joli mais je n'étais pas dupe, le monde du cinéma me semblait un peu superficiel. Et dans ma jeunesse berlinoise, je pressentais que ce n'était pas sur un plateau qu'on allait s'interroger sur l'*Übermensch*. Mais jouer avec des comédiens du niveau d'Al Pacino, Dustin Hoffman, Richard Burton ou Laurence Olivier m'a permis de découvrir qu'on pouvait aller plus loin dans son rôle, même au cinéma. Bref, il est temps que je rentre en Europe. Lucian Pintilie m'offre le rôle de Macha dans *Les Trois Sœurs*. Je fais mes valises. Pour Tchekhov, je lâche tout.

Tchekhov, c'est la pudeur, l'humilité, une émotion qui vous foudroie sans bruit. C'est un médecin dont j'aime le beau visage empreint de bonté, qui s'exile sur l'île de Sakhaline pour soulager les bagnards, qui veut aider inlassablement son prochain, soigner les corps et les âmes. C'est le dramaturge faisant dire à Macha cette phrase qui résume parfois si bien mon humeur : « Je suis aujourd'hui dans un de ces états de mélancolie. » Son enfance pauvre me bouleverse, savoir que son père lui ordonnait : « Ne cours pas, ça use les semelles. » C'est l'homme qui, à Badenweiler, à la veille de sa mort, fait appeler un médecin. Le docteur arrive, Tchekhov demande du champagne. Il prend son verre et dit : « *Ich sterbe*[1]. »

Quand je pense à Tchekhov, on est à la campagne, un soir, dans « l'ennui vert ». Une feuille morte tombe, on regarde

---

1. « Je meurs. »

alentour parce qu'il n'y a rien à voir, tout peut arriver, déprimer ou tomber amoureux, on veut aller ailleurs. Je pense à Firs, le domestique de la Cerisaie promise à la destruction, là, tout seul ; les autres ont fermé la maison à clé et sont repartis à la ville : « Oh, ils m'ont oublié. Ça ne fait rien. » Je pense à ses derniers mots : « La vie a passé comme si je n'avais pas vécu. Tu n'as plus la moindre force, Firs, rien ne te reste, rien. Ah, empoté ! » Tchekhov me procure une mélancolie joyeuse, une tristesse que je chéris, dont je sais qu'elle est passagère et qu'elle m'ouvre l'esprit. Forcément, on est à fleur de peau avec lui.

J'irais un jour au cimetière Novodievitchi, avec mon amie et grande costumière Élisabeth Tavernier. Devant sa tombe, si discrète, si simple, je me suis mise à genoux et soudain la neige a commencé à tomber sur mon visage et s'est mêlée à mes larmes. Élisabeth a saisi cet instant dans un cliché que je garderai longtemps…

Ma nouvelle préférée de Tchekhov s'intitule *Douchetchka*. C'est l'histoire d'une jeune fille sans personnalité, si ce n'est qu'elle ne peut se passer d'être aimée. Elle se marie trois fois, pour cause de veuvage : avec un impresario de théâtre, un marchand de bois, un vétérinaire. Et chaque fois, consolatrice dans l'âme, elle épouse les soucis, les douleurs, les inquiétudes de ces hommes. Elle se conforme à leurs moindres désirs, s'adapte à leurs habitudes. Elle ne vit qu'à travers ces hommes, dont elle est éperdument amoureuse.

Un soir où je dînais avec un type qui voulait me séduire, je lui ai raconté cette histoire, il s'est vanté de détester Tchekhov, je suis partie avant le dessert.

J'aime jouer Tchekhov parce qu'il n'y a pas de premier rôle, tous sont importants. C'est un travail de troupe, on forme une famille d'où la solitude est exclue. Pour ce spectacle de Lucian Pintilie, il y avait Michel Auclair, Nathalie Baye, Roland Bertin. Et mes sœurs, Sabine Haudepin et Nelly Borgeaud, des comédiennes avec lesquelles je ne me lassais pas de monter sur scène. C'est pourquoi j'ai insisté auprès de Jean Mercure, le directeur du Théâtre de la Ville, afin que la pièce soit reprogrammée pendant une seconde année. C'est beau de jouer une pièce aussi longtemps avec des partenaires qu'on aime tant.

Dans la mise en scène de Pintilie, pendant que les spectateurs prennent place, les comédiens sont déjà installés derrière un rideau fin. Le public ne voit pas les acteurs qui, eux, le voient. Avec ce dispositif, le trac disparaît. On est là, dans un salon, trois femmes qui attendent des invités, dans une sorte de méditation.

À la fin de la pièce, Macha s'accroche à la cape de Verchinine – c'est Michel Auclair –, je marche sur les jouets en caoutchouc des enfants, et dans ce moment où l'on est au bord des larmes, on entend sifflements et couinements qui font rire. Pintilie a saisi toute la pudeur de Tchekhov. Je pourrais ne vivre que pour ça. Pour des phrases comme celle d'Irina à Olga : « Un jour viendra où tout le monde saura pourquoi tout ça, pourquoi toute cette souffrance, et il n'y aura plus de mystère ; mais en attendant ce jour il faut vivre… Il faut travailler, travailler c'est tout… » Il n'y a pas d'histoire de coulisses avec un spectacle pareil, tout ce qui est important se passe sur scène.

Pour moins souffrir, en sachant que c'était la dernière, on a décidé de jouer sans aller dans l'émotion. On se dit que c'est la dernière fois qu'on prononce ces mots, on va juste donner à entendre le texte. Même si on est mauvaises, on restera froides. C'est tout le contraire qui est arrivé. Tchekhov nous a mis un coup de pied dans les reins et on est allées plus loin que jamais.

Grâce à ma mère, j'ai découvert Tchekhov à l'adolescence, avec un recueil de ses nouvelles. Elle adorait la littérature russe, on s'en doute, puisqu'elle est parvenue à me convaincre sans la moindre preuve à l'appui que nous venions de là-bas. Tchekhov est alors entré doucement en moi, c'était là d'où je venais, ainsi que l'ennui, le blues, la langueur. Mais l'ennui suisse n'est pas l'ennui russe... Tchekhov, j'aurais parcouru la Terre pour le rencontrer ! J'ai joué *La Dame au petit chien* dans une minuscule salle de Heidelberg et je connais chaque plan de son adaptation cinématographique par Iossif Kheifits. Al m'a fait découvrir *Le Moine noir*, sa nouvelle préférée. À New York, en 1977, j'ai eu la chance de voir Meryl Streep interpréter Douniacha dans *La Cerisaie*. Et au théâtre des Bouffes-du-Nord, celle de voir Niels Arestrup interpréter Lopakhine sous la direction de Peter Brook. J'ai vu *Oncle Vania*, à Salzbourg, assise à côté de Herbert von Karajan, une soirée chic. C'était une troupe moscovite. Le rideau s'est levé, on a découvert le décor le plus *cheap* qu'on puisse imaginer, avec des chemises au tissu brillant, des perruques en plastique, des faux cils, des soutiens-gorge Triumph. À la première phrase de Vania, je sanglotais. J'ai vu *Ivanov* incarné par Marcello Mastroianni, déjà si tchekhovien dans la vie. J'ai vu *Les Trois Sœurs*, admirablement adapté à l'écran par Valeria Bruni Tedeschi et à l'opéra avec des contre-ténors en kimono. J'ai vu le théâtre de Tchekhov joué dans tous les pays du monde. Et je retrouve sa musique dans toutes les langues, en grec comme en hongrois. Dans le cadre du programme de la Fondation Rolex, le chorégraphe tchèque Jiří Kylián est venu me voir à Verbier, il y a quelques années. Il me dit :

— Je te lance trois noms et on devrait faire quelque chose avec eux : Tchekhov, Mahler et Freud. Chorégraphie et texte.

Personne ne m'intéresse davantage que ces trois-là. Je réfléchis encore aujourd'hui à cette idée. Et à celle de mettre en scène, un jour, *Le Violon de Rothschild*, dans sa version lyrique. C'est Benjamin Fleischmann, un Juif russe, qui composa ce bref opéra avant de mourir sous les balles des Allemands pendant la Seconde Guerre mondiale, et Chostakovitch, son maître, qui acheva son œuvre. Avec Tchekhov, je suis à la maison. Tchekhov a le courage d'être simple. Shakespeare stimule mon intellect mais il me paralyse, il me fait peur, c'est un dieu. Tchekhov, c'est l'homme, le meilleur d'entre nous, et avec lui je me contente de pleurer.

Avant, j'étais si inspirée de parler de la littérature russe, de la musique, de la peinture russe, de parler des artistes, des metteurs en scène, mais c'était avant. Maintenant, j'ai la nausée avec tout ce qui se passe aujourd'hui, mais j'essaie quand même de trouver les mots.

J'ai tellement aimé les films de Nikita Mikhalkov. Aujourd'hui, j'essaie de ne surtout pas penser à ses déclarations en faveur de Poutine et de ne rien oublier de *Quelques jours de la vie d'Oblomov* ou de *Partition inachevée pour piano mécanique.* C'est lui qui m'a ramenée à Tchekhov, sept ans après *Les Trois Sœurs*, en 1986, puisque *Les Yeux noirs* est une adaptation libre de plusieurs nouvelles de son compatriote.

Par la presse, j'apprends que Mikhalkov prépare un film en Europe – une production italo-soviétique. J'appelle Carole Levy, mon agent à Rome :

— Il paraît que Mikhalkov va venir chez vous ?

— Oui, je te le confirme. J'ai lu le scénario parce que Silvana Mangano jouera la femme de Mastroianni. Il n'y a pas de rôle pour toi.

Justement, je n'ai rien à obtenir mais rien ne m'empêche d'aller rencontrer cet homme pour le remercier d'exister. Je prends un billet d'avion. Je trouve Mikhalkov dans un petit hôtel romain. Je ne parle pas russe et lui ne parle que russe. Sa traductrice traduit mes compliments enflammés.

— Vous êtes l'extension vivante de Tchekhov. Je suis juste venue vous dire mon admiration.

Il commente :

— Elle est plus russe que tous les Russes.

Et je repars. À peine arrivée à mon hôtel, Musa, la traductrice, m'appelle :

— Vous lui avez fait un tel effet qu'il vous veut dans son film.

— Mais il n'y a pas de rôle pour moi.

— Il va vous en écrire un.

Je n'en reviens pas. Arrive la question d'usage :

— Vous tournez quand ?

— Dans le mois qui vient.

Je fonds en larmes. J'ai signé pour *Don Carlos* de Schiller au Festival d'Avignon et je dois être le lendemain à Paris, où je reprendrai les répétitions.

— Ce n'est pas compliqué de laisser tomber, si vous aimez tellement Nikita.

Si, c'est compliqué, justement. C'est même inimaginable pour moi, avec mon incorrigible raideur suisse quand il s'agit d'engagements. J'atterris à Paris dans une humeur exécrable. Pendant la répétition, je fais la gueule à Gérard Desarthe et Bernard Fresson qui n'y sont pour rien et pour lesquels j'ai une vraie affection par ailleurs. Mais, dans l'instant, je les déteste tous. Qu'est-ce que c'est que ces conneries d'histoires de famille à la cour d'Espagne ? Je suis vraiment malheureuse. Et plus encore quand je lis dans les journaux que Mikhalkov a commencé à tourner. Trois mois plus tard, je reçois un autre coup de fil de Carole :

— Tu veux toujours jouer avec Nikita ?

Je m'abstiens de dire : « Quelle question ! » Mais bon, c'est derrière moi.

— Non, me dit-elle. Il a fait la partie russe, et faute d'argent le tournage a été interrompu. Puis la production a trouvé les fonds, Nikita s'attaque à la partie italienne à Montecatini, à l'automne. Il a écrit un rôle pour toi.

J'incarnerai Tina. Une femme enjouée qui fut la maîtresse de Romano, joué par Marcello Mastroianni, un type faible, hésitant et exténué quand on le découvre sur le bateau, où il est devenu serveur. C'est lui qui raconte, par flash-back, comment, des années plus tôt, il a fui sa femme dans une ville thermale, étant tombé éperdument amoureux d'Anna, une jeune Russe mariée qu'il a poursuivie dans son pays. Dans sa lenteur envoûtante, le film offre deux visions du monde, à la fois mélancolique, subtile, nostalgique quand il s'agit d'évoquer l'amour et le temps perdu. Bouffonne et cruelle pour moquer les habitués de l'hôtel thermal ou les petits bureaucrates soviétiques. Il y a de la frivolité, de la naïveté dans ce film, et une immense tendresse pour le peuple.

On m'a donné la traduction du scénario en français, je joue en italien. Personne ne comprend rien aux indications en russe de Nikita. Sauf Elena Safonova, bien sûr, qui incarne Anna, l'amour impossible de Romano. Mais plus Nikita me parle, plus je le regarde, l'air de dire : « Ahhh, c'est ça, d'accord ! » Je ne pourrais être davantage d'accord avec lui. Il me lirait la Bible ou la gazette du matin, je serais toujours d'accord. Comme frappée par des révélations. Il parvient à me faire rire par ses intonations, ses mimiques. Il essaie tout, il voit tout. Souvent, on est déjà au plan suivant quand la traduction de ses conseils nous arrive, et ça n'a pas d'importance, on a déjà compris sans comprendre, c'est fait et c'est bien ainsi. Ses indications sont d'une poésie ! Les exemples, les images qu'il utilise, c'est léger, ça vole, ça reste en suspens dans l'air. J'ai une confiance totale en Nikita, je lâche prise, on est dans le même bateau, celui de Tchekhov. Avec eux deux, on se passe d'explications.

Silvana Mangano devient une amie dès le premier jour de l'aventure. J'aime cette femme distinguée qui n'oublie pas son enfance, la petite Romaine des quartiers pauvres. J'ai déjà tourné avec Mastroianni dans un film de Mauro Bolognini, *Vertiges* (*Per les antiche scale*). C'est sur ce tournage que Marcello avait dû me déculpabiliser d'accepter parfois un rôle dans un film très moyen pour payer mon loyer. Il m'avait dit : « Tu t'en moques, si ce n'est pas bien, personne ne le verra. Si tu savais le nombre de navets dans lesquels j'ai joué. » Impossible de ne pas s'entendre avec Marcello Mastroianni, il fonctionne au charme, mais sa gentillesse légendaire est sincère. Il est drôle et habité. Il joue avec le même plaisir qu'un enfant au bac à sable. En dehors des plateaux, il n'est plus tout à fait le même, il m'a dit un jour qu'il avait besoin de sa feuille de service pour se sentir bien.

Quelle bouffée d'oxygène, ce tournage ! La plupart des comédiens jouent en italien, mais on sait qu'on sera doublés en russe, on ne peut pas dire qu'on apprenne le texte au cordeau. On se donne des coups de la pointe du pied sous la table pour signaler à notre partenaire le moment où il doit enchaîner. Le soir, tout est prétexte à jouer, aux cartes, à la pétanque, au billard, avec les techniciens italiens, l'équipe russe, les vieux, les jeunes, les enfants, les riches, les pauvres. On forme un microcosme, une petite bande très gaie, tout est amusant devant et derrière la caméra.

Le film n'a pas eu la Palme à Cannes. C'est Maurice Pialat qui l'a remportée avec *Sous le soleil de Satan*. Mais Romano a valu à Mastroianni le prix d'interprétation et une nomination aux Oscars. Le public a suivi.

Dans *Les Yeux noirs* planent l'esprit de Fellini et de Tchekhov, les âmes slave et napolitaine, la Russie et l'Italie, les deux terres qui nourrissent mon imaginaire depuis l'adolescence, et plus encore maintenant alors que je ne peux et ne veux plus retourner en Russie pour des raisons évidentes et que je fais en sorte de ne pas aller en Italie, où tous mes amis sont morts. L'Italie de Mastroianni, de Bolognini, de Scola, de Tosi et de Fellini, folle et enfantine à la fois, me manque.

Les productions soviétiques sont toujours à court d'argent. Dans *Les Yeux noirs*, les robes sont en synthétique. Je dis à Piero Tosi, le costumier attitré de Luchino Visconti et de Franco Zeffirelli :

— Franchement, ce n'est pas très inspirant de porter ça.

— Viens à la *notte* avec Silvana, on ouvrira l'atelier, propose-t-il.

Et il nous prête d'authentiques robes 1900.

Malgré toutes les récompenses reçues, Piero loge dans un modeste appartement à Rome et dessine des costumes extraordinaires dans sa minuscule cuisine. Il a rencontré Franco Zeffirelli, Lucia Bosè et Mauro Bolognini à la fac, les quatre jeunes gens ont vécu sous le même toit. Ils sont inséparables, tous au Parti communiste italien. Piero m'emmène aux réunions. Au siège du Parti, les Porsche sont garées sur le parking, et tous ces jeunes gens resplendissent, la mèche sur les yeux, un cachemire jeté sur les épaules. On est loin du PC allemand.

Des années plus tard, je jouerai *La Ronde* de Schnitzler en allemand, au théâtre de l'Atelier à Paris, avec Helmut Lohner. Je suis partie voir Piero à Rome. Je lui ai dit :

— J'interprète six personnages, et j'ai des changements de costumes très rapides. On n'a pas un sou pour le spectacle.

Piero a planché toute la nuit sur ses dessins. Le lendemain matin, au petit déjeuner, il m'a fait deux propositions de robes d'une élégance inespérée, l'une coûteuse, l'autre pas ; c'est cette dernière que j'ai choisie. J'ai demandé à l'un de nos amis communs comment je pouvais le remercier. Il m'a dit :

— Offrrre-lui une crrrrème de beauté !

Et je lui ai envoyé les ampoules de caviar La Prairie.

La camaraderie, le besoin de rire et de faire rire, surtout dans le travail, la fantaisie et la sensualité mêlées, c'est ce qui rend le peuple italien irrésistible, et le don pour le comique de situation aussi. Cette fois-là, je m'envole vers Rome pour présenter *Fedora*. À l'aéroport, je vois les types venus m'accueillir de loin, lunettes noires, bras croisés, pieds écartés à la mafiosi. Je les sens inquiets à cause du retard de mon avion, quarante minutes à peine. Ils me mènent à une luxueuse voiture aux vitres fumées. À l'intérieur, les deux gars sont de plus en plus nerveux. Ils foncent comme des fous avant de piler dans un tout petit garage. Ils me font descendre de voiture sans ménagement.

— Désolé, on a loué la voiture pour une heure et l'avion a eu du retard.

Et ils me poussent, dépitée et amusée, dans une minuscule Fiat, avec ma valise sur les genoux.

À Paris, dès que la Russie s'invite sur les planches, je suis dans la salle. Dans la mise en scène des *Estivants* de Maxime Gorki, par Peter Stein, tout commence par un bâillement. Un moustique, une claque sur la cuisse, le jour tombe, l'air est d'une douceur, de très loin on entend la dispute d'un couple dans la datcha, des bribes minuscules, on bâille encore dans le temps qui ne passe pas, un homme et une femme se regardent, ils ont chaud, ils ont trop mangé, trop parlé, trop bu. Ils se regardent, et soudain ils trouvent que le regard est un peu long, ils tombent amoureux, par désœuvrement. Tout est installé sans un mot. *L'Orage*, d'Alexandre Ostrovski, mis en scène par Denis Podalydès, est tout aussi poignant et vif. Mélodie Richard incarne Katerina, un oiseau sur la branche, on ne sait jamais où elle va, elle est complètement allumée, féerique et terrienne en même temps, on comprend que Boris soit foudroyé par l'amour et que ce macho bégaie à son approche. Quand on voit des spectacles pareils, on a envie de sauter sur la scène. Le lendemain, on se réveille à 5 heures du matin, on ne pense qu'à bosser, on est fier de faire ce métier. Je vais deux ou trois fois par semaine au théâtre. Je veux découvrir le travail des jeunes metteurs en scène. Quand c'est mauvais, je suis déprimée, mais c'est une piqûre de rappel, on voit ce qu'il ne faut pas faire – hurler, s'agiter, jouer au premier degré. Le public est beaucoup plus fin qu'on le croit parfois, il aime les non-dits.

Alors que je joue *Les Trois Sœurs*, John G. Avildsen m'offre un rôle dans son prochain film. Je rencontre les producteurs, et j'entends les noms de John Gielgud, George C. Scott, Marlon Brando dans la distribution. Je tiens à ce projet, on l'imagine. À la fin du rendez-vous, quand l'affaire est conclue, je dis :

— On a parlé de tout sauf de la date du tournage.

On m'annonce que ce sera à l'automne. Mais je serai encore sur scène dans *Les Trois Sœurs* à ce moment-là.

— Pas grave, ils te remplaceront, me disent les producteurs. On paiera un dédommagement.

J'ai dit non. Il n'était pas question que je fasse faux bond à cette équipe, à cette pièce. J'étais triste, mais je n'avais pas d'autre choix que de refuser et de les laisser choisir une autre actrice. Mais, finalement, le tournage a été décalé. Et ils m'ont attendue. J'ai tout eu : Tchekhov et *La Formule*.

Préserver un minimum d'honnêteté dans le travail m'a toujours servi. Quelques années plus tard, j'appelle en vitesse ma mère pour notre rendez-vous téléphonique du dimanche.

— Maman, c'est génial, je suis à l'aéroport, je pars dans une demi-heure pour Londres, on me propose le rôle de Leni Riefenstahl.

J'entends : *bip, bip, bip*. Je rappelle :

— Maman, on a été coupées, je voulais te dire, c'est incroyable ce qui m'arrive…

Bip, bip, bip. La troisième fois, je m'agace :

— Je crois qu'il y a un problème avec le téléphone.

— Non, il y a un problème avec toi. Si tu joues le rôle de cette nazie, tu ne remets plus les pieds à la maison.

C'était pour une mini-série américaine commandée par CNN, en 1989 : *The Nightmare Years*, inspirée du journal des années 1930 de William Shirer. Le journaliste américain, basé à Berlin, couvrait alors l'ascension de Hitler. Un homme extraordinaire qui était allé voir Roosevelt pour l'alerter sur le sort des Juifs dans l'Allemagne nazie. À Londres, je retrouve Gerald Rafshoon, le producteur, et Anthony Page, le réalisateur. J'ai répondu poliment à leur invitation, mais je dois d'abord leur dire que je refuse le rôle, ma mère me menaçant des pires représailles si j'incarne la « cinéaste de Hitler ». Ils rient pendant un bon moment, admiratifs de son intransigeance. Et ils me donnent le rôle féminin principal à la place. Sam Waterston jouait Shirer, et moi sa femme Tess, une photographe d'origine hongroise qu'il avait épousée en 1931. C'était un rôle beaucoup plus important que celui de Leni, et plus intéressant. Le film se passait presque entièrement dans les décors de l'hôtel Adlon, à Berlin, où se mêlaient tous les correspondants de guerre dans ces années-là, des vedettes du cinéma, des musiciens, des prostituées. Seuls les dignitaires nazis n'étaient pas les bienvenus dans le palace. Quelque temps après, Shirer, en chair et en os, est venu me voir sur scène, à New York, dans le rôle de Jeanne d'Arc. Un vieux monsieur, très élégant, d'une immense classe intellectuelle. C'était une chance de le rencontrer, et ce ne serait pas arrivé si j'avais joué le second rôle de Riefenstahl.

En 1980, je reviens donc à Berlin pour le tournage de *La Formule*, cette enquête sur la disparition chimique mise au point par les nazis. La MGM, qui ne doute de rien, a prévu de tourner au pied du Mur. Je dis à la production :

— Vous ne pourrez jamais tourner ici, c'est interdit.

John G. Avildsen s'entête. Il n'a pas fini de faire installer une caméra que tous les types sur les miradors se mettent à hurler :

— *Stop! Stop! Stop!*

Le lendemain matin, des Berlinois stupéfaits se réveillent avec le Mur sous leur fenêtre. Dans la nuit, les producteurs en ont fait reconstruire un pan à l'identique, à 100 mètres de l'original. Plus tard, quand on tournera à Saint-Moritz, les mêmes iront chercher la neige à 3 000 mètres d'altitude pour la répandre sur les trottoirs de la ville.

John Gielgud, la dernière fois que je l'ai vu, c'était dans *No Man's Land* (de Harold Pinter) à New York, en compagnie de Liv Ullmann. Liv et moi, on est si bouleversées après la représentation qu'on peut à peine prononcer un mot. On va dîner chez Sardi, un restaurant en face du théâtre. Les portes s'ouvrent sur Gielgud, vêtu d'un costume blanc en lin très sophistiqué. Une splendeur. Je dis à Liv :

— Tu crois qu'on peut lui parler ?

Elle m'y encourage. Incroyable, John Gielgud s'installe juste à côté de moi, sur la même banquette. Dans la surprise, je renverse mon verre de vin rouge sur son costume immaculé. En pleurs, je me désole :

— Je ne sais pas quoi dire, je vous admire tellement, je peux vous donner mon adresse pour régler le pressing.

Il sourit. Un an plus tard, quand Gielgud, toujours aussi élégant, me croise à la première lecture de *La Formule*, il mime le type qui se protège d'une catastrophe. Chaque fois que je tournerai avec lui, notamment dans le *Wagner* de Tony Palmer, il me refera sa blague. Et nous deviendrons amis pour la vie.

George C. Scott, je ne sais rien de lui.

— Il est comment ?

On me dit :

— Il aime picoler.

Je demande à la production de m'installer dans un autre hôtel, je préfère ne pas voir un acteur que je respecte autant dans un sale état. Pendant la fête de fin de tournage, Scott semble bien éméché. Au milieu de la nuit, j'entends un vacarme de tous les diables, George a défoncé ma porte. Titubant, bafouillant, il cherche le mini-bar. Je mens :

— Il n'y a rien.

Il prend un grand verre qu'il remplit de bière et de toutes les mignonnettes d'alcool fort qu'il a fini par trouver. Je vais dans la petite cuisine lui faire un café. Sa femme arrive. Je les entends s'expliquer dans le salon. Quand je reviens avec mon plateau et les tasses, lui dort dans mon lit et elle sur le sofa du salon. Une amie, que j'ai invitée quelques jours à Berlin, m'accueille dans la chambre voisine. À peine rendormies, on entend un hurlement, cette fois. Scott, fou de rage, prend la fuite dans le couloir, poursuivi par sa femme. Elle me lance :

— Tu ne le connais pas. Dans son état, soit il dort, soit il a besoin de boire. Il cherche de l'alcool.

Dès la préparation du film, il est clair que Marlon Brando n'a aucune envie de tourner. Par provocation, il refuse de porter le costume prévu. Il exige de tourner à poil. Il veut tester les limites, voir comment ça réagit, c'est un provocateur dans l'âme, il faut qu'il se passe quelque chose ! La production, le réalisateur sont au garde-à-vous. Quand Brando exige de se baigner dans la piscine à condition qu'il y ait des grenouilles, ils font venir des grenouilles. En regardant les rushs, je m'aperçois qu'il ne joue jamais face caméra, toujours caché par sa main. Et j'apprends qu'il écrit le texte à l'intérieur de son avant-bras.

Il joue avec des boules Quies, prétendant qu'il redoute d'entendre passer un avion dans le ciel pendant sa scène et que rien ne vaut l'époque des studios. En fait, il ne veut rien entendre des indications du réalisateur. Un jour où ce dernier dit « *Action* », Brando renchérit : « *Cut* ». Il va lui expliquer que si le réalisateur dit « *Action* », « *it doesn't mean you have to act* ».

Rien ne pouvait et ne pourra jamais entamer mon admiration pour le génie de Brando.

Pendant le tournage de *Wagner*, en 1983, je joue dans la même scène au côté des trois plus grands Hamlet du monde : Richard Burton, Laurence Olivier et John Gielgud. Alors que nous attendons les réglages de la lumière, nous parlons de tout et de rien. La conversation arrive sur les scènes de sexe. Je dis :

— Je n'aime pas ça, ni en tant qu'actrice ni comme spectatrice.

Pour moi, la sensualité, c'est une femme de dos qui monte un escalier, comme dans *In the Mood for Love*.

Dans la mini-série britannique de Tony Palmer, j'interprète Mathilde Wesendonck, la maîtresse et la muse de Wagner. Richard Burton incarne le compositeur et, dans l'une des scènes, fidèle au scénario, il m'embrasse sur la bouche alors que je suis au lit en chemise de nuit et lui, en robe de chambre.

Cette année-là, je fais des allers-retours entre les plateaux de Londres et le théâtre Renaud-Barrault à Paris, où je répète

Les Exilés de Joyce. La mise en scène est du grec Andréas Voutsinas. Le soir de la couturière, les photographes sont dans la salle, et moi dans les coulisses avec un de mes partenaires, un enfant d'une dizaine d'années. Il a pris l'habitude de me mitrailler de questions, en particulier sur mon fils, à peu près du même âge que lui. Nous allons entrer en scène et le gamin ne se lasse pas de me demander si mon fils a un blouson bleu ou vert, s'il va partir en vacances avec son père, où et comment. Je lui dis qu'il est temps de se concentrer.

— Et ton fils ? Il…

C'est à moi de m'éloigner, je ne parviendrai pas à le calmer. Je fais deux pas de côté et je tombe d'une hauteur de 3 mètres, dans une fosse restée ouverte. Avant de m'évanouir, j'entends Pierre Arditi râler :

— Silence, derrière la scène.

Je me réveille à l'hôpital le lendemain, les médecins m'expliquent que je dois au corset du costume de ne pas m'être brisé la nuque. Mais j'ai le talon cassé, une blessure délicate qui me vaut d'être à peu près immobilisée durant un mois. La direction du théâtre repousse d'autant la première des *Exilés*.

Grâce, ou à cause de cet accident, j'ai le temps d'aller à Londres pour l'avant-première de la série de Palmer. Alors que Wagner entre dans la chambre de Mathilde, je vois la caméra zoomer sur des pieds nus. Je pense : *Merde, j'étais au lit, ils n'ont jamais filmé mes pieds.* La caméra monte le long des genoux, des cuisses, jusqu'à un sexe de femme, avec une main d'homme qui s'y glisse. Je pousse un hurlement. Dans la salle, juste devant moi, il y a Ralph Richardson, Laurence Olivier et John Gielgud, lesquels se souviennent parfaitement de notre conversation sur les scènes de nu. Ils se retournent mi-effarés, mi-amusés :

— *Marthe, you?*

Je proteste :

— Ce n'est pas moi !

Ce n'est pas difficile à croire. La femme a le corps d'un mannequin et l'homme, vingt ans de moins que Burton et une chevelure nettement plus abondante. Les images montées sortent d'archives quelconques. Même de dos, c'est aberrant. Je sors en pleine projection, folle de rage, je promets de ne pas en rester là, j'appelle mon agent à la William Morris Agency. Burton : même agent, mêmes menaces. Je dis au directeur de la photographie, qui n'y est pour rien :

— Alors pendant que j'étais au théâtre, vous me faisiez tourner du porno !

L'homme qui a réalisé les splendides images du *Wagner* est Vittorio Storaro, il a travaillé sur tous les films de Bernardo Bertolucci, il est trois fois oscarisé, notamment pour *Apocalypse Now*. Il me répond, accablé :

— *Ma no, e la luce, terribile*[1] *!*

---

1. « Mais non, c'est la lumière, elle est terrible ! »

Je n'aime pas le rôle de Gertrude dans *Hamlet*. Je le dis à Patrice Chéreau quand il me sollicite. Mais c'est Chéreau, et j'ai une admiration sans bornes pour lui, son talent, son intelligence, sa profondeur, ses goûts esthétiques, ses engagements politiques, sa fidélité. Je me sens privilégiée de connaître cet homme. Et je sais que nous serons toujours amis. Alors je dis oui pour *Hamlet* et pour le Festival d'Avignon. Comme à Billy Wilder, je lui demande :

— Pourquoi moi ?

Il est plus énigmatique encore dans sa réponse :

— *Les Yeux noirs.*

Quel rapport ? Je n'en saurai pas plus.

Pendant les répétitions, ma loge est à côté du box du cheval, ça sent le crottin et ça me rappelle mon père. Je me raccroche à cette odeur pour me sentir à ma place. Du travail avec Chéreau, j'attends des illuminations. Mais je ne me sens pas assez dirigée. Je crois que lui aussi se fout pas mal de Gertrude. Je dois être un peu vexée de cette situation, et même un peu malheureuse. Mais être malheureuse avec un homme comme Chéreau, c'est un bonheur. Ce que j'apprends de Chéreau, je le vole en le regardant diriger Gérard Desarthe et Pascal Greggory. Et lui aussi volait. Je me souviens qu'il nous montrait des films. Et quand une idée lui plaisait, il disait : « Tiens, on va la prendre. » Et il en faisait du Chéreau.

Je ne me suis pas aimée dans le rôle de Gertrude. De cette expérience théâtrale, je ne veux dire que très peu de choses tellement elle est douloureuse aujourd'hui encore quand j'y repense. À l'époque, je refuse de reprendre le rôle à Nanterre malgré l'insistance de Patrice pour me garder. Notre amitié reste intacte.

Depuis toujours, je rêve de faire se rencontrer Al Pacino et Patrice Chéreau. C'est une évidence. Ce sont deux petits taureaux. Al ne connaît pas encore le travail de Chéreau. Et je lui montre *La Reine Margot*, qu'il adore. Ils s'entendent aux premiers mots. Au point que Patrice commence à écrire le scénario d'un Napoléon, ses deux dernières semaines sur l'île d'Elbe, pour Al. Mais Al ne peut travailler qu'avec un anglophone. Il a besoin de disséquer le rôle à l'infini, de se sentir compris. Son interlocuteur doit saisir à la seconde ses références, ses allusions, ses blagues, ses questions. Il ne veut pas avoir à s'expliquer, ça va trop vite dans sa tête. Il ne se fait pas à l'idée de cette collaboration bien que le rôle le séduise énormément. Patrice présente à Al neuf versions du scénario, en anglais. Il essaie de le convaincre pendant dix ans. Un jour, Al me rapporte une conversation avec un de ses amis qui lui a demandé : « *OK, but what's the plot?* » Furieuse, je réponds :

— *Napoléon is the plot! Chéreau is the plot! You're the plot!*

Il y avait des scènes d'une telle beauté dans ce scénario, l'intrigue, qu'est-ce que ça pouvait bien faire ? Chéreau disait : « J'attendrai. » Il n'a jamais songé à donner le rôle à quelqu'un d'autre.

En 1968, à Berlin, le directeur de l'Académie des arts, qui scrutait tout ce qui se passait sur la scène européenne, m'avait dit un jour :

— Tu es toute jeune. En France, il y a un metteur en scène, il a ton âge, il faut voir son travail. Fais du stop, débrouille-toi, mais vas-y.

Je n'avais pas un sou, j'ai pris des trains pour faire Berlin-Sartrouville. Je ne comprenais pas le texte, mais je suis tombée raide dingue de la mise en scène. Après un tel voyage, j'ai eu le courage d'attendre Patrice Chéreau dans le hall pour le féliciter. Je l'ai vu descendre l'escalier et je l'ai trouvé beau comme un ange. On a échangé quelques mots. Il était curieux de la scène berlinoise, content de parler en allemand. Au théâtre de Sartrouville, Chéreau avait monté *Le Prix de la révolte au marché noir* de Dimitri Dimitriadis, une pièce où des étudiants répètent des scènes de Shakespeare, tiens donc, tandis que des ouvriers s'emparent de la rue. Michelle Marquais jouait la reine, dans ce spectacle. Et vingt ans après, ou presque, c'est elle qui me mettrait en scène dans *Don Carlos* de Schiller, à Avignon aussi, avec Desarthe aussi. Tout est écrit, non ?

Je n'aime pas jouer en plein air. La chaleur écrasante que réverbèrent les murs de la cathédrale de Salzbourg quand on joue sur son parvis… Je demande à Klaus Maria Brandauer comment il supporte ça. Il me dit :

— Passe au sauna avant, ça évite de transpirer sur scène.

Quand il pleut, on se déplace à l'abri avec le public et on reprend à l'intérieur. Dans *Jedermann*, la Buhlschaft (Maîtresse) a une interminable chevelure roux foncé. Ce sont des postiches. La scène est si loin des spectateurs qu'on peut parler à son partenaire entre deux répliques. Je lance à Brandauer :

— Fais gaffe, il y a un teckel sur la scène.

Dans la semi-obscurité, il me répond :

— Je crois plutôt que c'est un de tes postiches, le vent l'aura décroché.

Alors je m'en approche et je danse en le repoussant du pied. Essayez de prendre votre personnage au sérieux dans un cas pareil. À Avignon, des chattes accouchent sur la scène, on entend le ronflement du moteur d'une Porsche au milieu d'une réplique du XVIIIe siècle. En plein monologue, on doit se battre contre le mistral, tenir sa jupe entre ses cuisses pour ne pas laisser voir sa culotte, mordre dans des fruits en évitant d'avaler une guêpe. Desarthe, pas de problème, rien ne le déconcentre. Dans le *Don Carlos* de Schiller, où je joue à ses côtés le beau rôle d'Élisabeth, je dois mettre toute mon énergie à me battre contre la nature. Où est le plaisir ? Jouer, c'est faire un break avec sa propre existence. On n'est pas tout à fait quelqu'un d'autre mais pas tout à fait soi-même. On s'oublie. On s'étonne que des acteurs montent sur scène le soir même d'un deuil épouvantable mais, nous, nous savons l'expliquer.

Je n'apprécie pas beaucoup plus les tournées. Sur les routes, je ne doute pas du métier à cause de l'inconfort, mais j'ai besoin de mes repères au quotidien. Passer la journée en voiture, arriver dans une ville inconnue, chercher le théâtre, faire un raccord sonore et, après la représentation, chercher le seul restaurant ouvert pour dîner, arriver dans l'hôtel où on ne vous servirait un café pour rien au monde à cause de l'heure tardive, se coltiner les oreillers aux taies en synthétique, le mini-savon, l'ascenseur expirant collé à la tête de lit, ça me rend misanthrope. Alors, en tournée, je voyage avec mon oreiller, mon thon en conserve, mon thé dans ma valise, et je reste dans ma chambre à lire plutôt que de descendre dans une salle de restaurant vide et cafardeuse. Les comédiens ont la réputation d'être capricieux, mais ce n'est pas le cas ici. On ne réclame rien, d'ailleurs, mais on se sent perdu et isolé. C'est la maison qui manque à certains. En tournée, j'ai vu une de mes amies se préparer des pâtes dans la bouilloire de sa chambre plutôt que d'en sortir et de demander quoi que ce soit.

Pour la première fois, je vais jouer sur les planches aux États-Unis, à Broadway. *Jugement à Nuremberg* fut d'abord un film, écrit par Abby Mann et sorti en 1961, une fiction librement inspirée du procès des hauts responsables du Troisième Reich par un tribunal militaire international. Quarante ans après, je reprends le rôle de Frau Bertholt dans l'adaptation théâtrale. L'épouse du général allemand fut initialement incarnée par Marlene Dietrich à l'écran. Ce personnage fictif est censé avoir vécu pendant la guerre dans un château à la campagne où on se gardait de parler des horreurs commises par les nazis. Une seule question se pose à son sujet : est-ce qu'elle savait ou pas ?

À New York, je répète trois semaines à la table avec Maximilian Schell, qui jouait un avocat des criminels de guerre dans la version cinématographique et qui revient dans un rôle opposé, au banc des accusés, avec George Grizzard, Robert Foxworth, et l'excellent Joseph Wiseman, fameux ex-Docteur No. Comme partout en Amérique, les syndicats new-yorkais encadrent notre travail avec une liste d'impératifs et d'interdits très stricts. Nos horaires sont surveillés à la minute près, celui qui déplace une chaise sur le plateau par inadvertance est dénoncé et sommé de présenter des excuses pour avoir empiété sur le boulot d'un autre ; j'y retrouve un petit air de la RDA de ma jeunesse. On joue huit fois par semaine mais tout est organisé pour nous faire oublier la fatigue, notamment grâce à l'aide des coachs. À peine débarqués, nous savons déjà où acheter le saumon des bagels pour le déjeuner du dimanche qui réunit l'équipe. Chacun de nous a sa doublure. La mienne est particulièrement attentive à la santé de ma mère malade. Elle a noté que je l'appelle quotidiennement, que je connais les horaires de tous les vols qui me permettraient de rentrer à Bâle en urgence. Pas une journée sans qu'elle me demande, pleine d'espoir, pour éventuellement jouer mon rôle :

— Ça va, ta maman ?

Le soir, on se retrouve au Players Club, réservé aux comédiens. Dans l'hôtel particulier, les boiseries ont vu l'histoire en train de se faire puisque l'homme qui tenta d'assassiner Lincoln y vécut. On y parle d'écriture, d'interprétation et de coulisses, on y fait des lectures, dans une atmosphère de connivence et, bientôt, d'amitié véritable.

John Tillinger, le metteur en scène, a vu une partie de sa famille tuée dans les camps. Le décor en noir et blanc, épuré, se contente de montrer des photos des survivants. Dans la salle, nombreux sont les descendants des victimes de la Shoah. Après les dénégations répétées de Frau Bertholt : « *We didn't know, we didn't know* », une voix s'élève un soir dans le public :

— Tu parles.

Tillinger a réservé des matinées pour les étudiants, la pièce est suivie d'extraits de documentaires sur l'Holocauste et d'échanges avec les jeunes spectateurs. Le metteur en scène ne cache pas sa volonté de contribuer au devoir de mémoire. Lors des conférences, nombre de proches des victimes du nazisme, dont les familles étaient déjà installées aux États-Unis pendant la guerre, évoquent leur mauvaise conscience. Je ressens le même fond de culpabilité dû à mes origines et toujours la même gratitude à l'égard de mon père, qui a épargné à sa famille le soupçon et la honte. Il n'a pas vécu assez longtemps pour me voir jouer dans la pièce ni pour savoir que je serais nominée plusieurs fois pour des prix d'interprétation féminine dans ce rôle, toutes choses que je lui dois d'une certaine manière.

Comme en écho à ce travail, un an plus tard, André Heller et Othmar Schmiderer me sollicitent pour doubler en français Traudl Junge, qu'ils ont convaincue de raconter ses souvenirs dans leur documentaire, *L'Angle mort*. Elle évoque surtout les remords qui la taraudent depuis la fin de la guerre et les questions qu'elle ne cessera jamais de se poser quand elle repense à ce jour de 1943 où elle a été engagée comme secrétaire particulière de Hitler. Le film n'est nourri par aucune archive. C'est un gros plan d'une heure trente sur le visage de cette femme de 80 ans, qui fume cigarette sur cigarette. Elle raconte comment elle a été sélectionnée pour assurer la correspondance privée de son patron, organiser les dîners ou promener ses chiens. Arrêtée dans le Führerbunker, elle est emprisonnée par les Soviétiques durant un an, avant de s'enfuir et d'être de nouveau incarcérée six mois en Allemagne, pour enfin devenir un témoin maintes fois mis à contribution dans la presse, et la plus virulente dénonciatrice des exactions de l'Allemagne nazie. Je crois cette femme quand elle dit qu'elle n'est jamais parvenue à se remettre de son destin, sans doute parce qu'elle ajoute que « son extrême jeunesse ne peut pas tout excuser ». Elle meurt la nuit où le film est projeté, à Berlin, pour la première fois.

Après l'arrêt de la danse, j'ai continué à m'entraîner à la barre pendant des années, mais la musique a disparu de ma vie professionnelle. En 1983, elle y est revenue pour ne plus jamais en sortir, grâce à Herbert von Karajan, qui, alors directeur du Festival de Salzbourg, m'a appelée.

En 1918, Richard Strauss, Hugo von Hofmannsthal, et le metteur en scène Max Reinhardt ont l'idée de créer une structure pour offrir, durant l'été, des opportunités aux artistes autrichiens sans le sou. Hofmannsthal a écrit le texte de *Jedermann*, Strauss la partition, Reinhardt a signé la mise en scène. Depuis cette date, *Jedermann* marque rituellement l'ouverture du Festival de Salzbourg. Les rôles principaux sont assurés par les mêmes comédiens pour trois ans renouvelables. De 1983 à 1989, Klaus Maria Brandauer incarne Jedermann, un homme riche et débauché qui va devoir rendre des comptes aux Juges suprêmes. Et, de 1983 à 1986, je joue Buhlschaft (Maîtresse), qui le distrait de la vertu. En son temps, Reinhardt a trouvé l'écrin idéal pour la pièce religieuse : le parvis de la cathédrale de Salzbourg. Et c'est toujours à cet endroit qu'elle est donnée chaque année devant un public venu du monde entier. Avec la scène large et les spectateurs très nombreux, vous avez l'impression de jouer à Wimbledon. Les centaines de têtes, protégées du soleil par un mouchoir, pivotent de droite à gauche, suivant les comédiens qui doivent bien occuper l'espace. Si j'ai accepté ce rôle, c'est surtout pour passer un été en musique. Pendant sept semaines, j'aurai la chance d'assister aux répétitions de tous les spectacles et concerts, entre deux représentations de *Jedermann*, chaque dimanche.

Le chef d'orchestre Seiji Ozawa vient voir la pièce, il cherche une voix qui porte. À l'époque, il n'y a pas de micros sur scène et l'on m'entend bien en plein air. Après le spectacle, Ozawa m'explique que Meryl Streep s'était engagée pour le rôle de *Jeanne au bûcher* mais le tournage de *Plenty* a pris du retard, elle doit abandonner ce projet.

— Ça vous intéresse ?

À l'époque, je ne connais pas l'œuvre de Arthur Honegger et de Paul Claudel, je sais que mon amie Nelly Borgeaud l'a enregistrée sur vinyle, je l'écoute et je ne peux plus m'en passer.

La première a lieu à Boston en 1984, avec son prestigieux orchestre symphonique et Seiji Ozawa à la direction. C'est un triomphe. Dès lors, dans *Jeanne au bûcher*, je vais travailler avec les chefs d'orchestre du monde entier, dans les meilleures salles : le Maggio Fiorentino en Italie, le Carnegie Hall à New York, la Philharmonie de Berlin, la basilique de Saint-Denis, la salle Pleyel à la Bastille, à Lyon, au Suntory Hall de Tokyo, à Londres, au Festival de Salzbourg, au

Gewandhaus à Leipzig, à Lucerne (avec Charles Dutoit), au Grand-Théâtre de Genève, au Festival de Tanglewood dans le Massachusetts… On comptera une trentaine de productions au total.

Pendant les répétitions, je rends visite à mon père malade. Il est proche de la fin mais il suit mon parcours de son lit d'hôpital, et il n'a pas oublié que *Jeanne au bûcher* a été créée à Bâle en 1938. Il me dit :

— Pourquoi tu ne rencontres pas Paul Sacher ? C'est lui qui a produit et dirigé la première mondiale, il a toutes les archives, il sait tout.

Paul Sacher, comme on s'en souvient, est un chef d'orchestre et mécène richissime qui a œuvré pour la scène musicale bâloise une grande partie de sa vie. Mon père ajoute :

— Sa fondation est à trois minutes d'ici. Va le voir, avant qu'il ne soit trop tard.

Paul Sacher accepte volontiers de me rencontrer et me raconte toute l'histoire. La jeune Ida Rubinstein est engagée par Serge de Diaghilev dans les Ballets russes. Venue se produire à Paris en 1909, elle y reste et rencontre tous les artistes de l'époque. Elle leur commande des œuvres taillées sur mesure. Debussy et D'Annunzio créent *Le Martyre de saint Sébastien* pour elle. Ravel lui dédie son *Boléro*. Sacher sourit.

— Ida est une piètre danseuse, elle a pris des cours d'art dramatique avec Sarah Bernhardt, sur scène, elle ne fait rien dans la retenue. Trémolos exaltés et grands gestes des bras.

Toujours pour Ida Rubinstein, Arthur Honegger commence à composer *Jeanne au bûcher* en 1935. Malgré l'insistance de son ami, Paul Claudel refuse de participer au projet, avant de se raviser. Et puis, encore selon Sacher, dans un train, Claudel et Honegger passent devant une croix, l'un des deux aurait dit : « Tiens, on va faire jouer Ida attachée au bûcher dès le début de l'opéra ; de cette manière, elle ne pourra pas s'agiter sur scène. » Mais Ida se dédit une semaine avant la première, « effrayée à l'idée du rôle », me dit Sacher. Le projet est remisé pendant trois ans. Honegger est fâché. Il veut convaincre Ida de laisser Sacher monter son œuvre à Bâle. Pour parvenir à ses fins, il la menace de donner le rôle à une autre et elle cède. Ida a 50 ans passés quand elle interprète une Jeanne de 14 ans. Et la tradition est restée, la Pucelle de Honegger n'a pas d'âge.

Travaillant et répétant le rôle de *Jeanne au bûcher*, je lis ces notes de Claudel : « Nous ne devons pas oublier que Jeanne d'Arc est avant tout une voix. Le corps a été consumé ; les cendres ont été jetées au vent [...]. Mais la voix demeure, cet accent héroïque et féminin, ce défi au mal triomphant, ce mouvement de pitié irrésistible, ce cri, perçant comme le chant d'une alouette, d'une enfant qui croit en Dieu ! » Trouver cette voix grandiose et innocente à la fois, faire entendre « la pauvre pastoure » et la poésie de Claudel, ce n'est pas une mince affaire. Je veux restituer le froid de l'hiver quand tout est mort, et le réveil du printemps avec le minuscule chant d'un rouge-gorge. Je veux faire corps avec « ce petit bout de femme dans les orties et les boutons-d'or, si ébahie qu'elle en oublie de manger sa tartine ». Certaines répliques sont plus difficiles que d'autres. Un jour, je monte dans ma voiture, avec l'idée de m'arrêter quelque part en Normandie. Je me gare sur un chemin qui mène à la forêt, et je hurle le texte entre les arbres : « C'est moi qui ai sauvé la France ! C'est moi qui ai réuni la France ! Toutes les mains de la France en une seule main. Une telle main qu'elle ne sera plus divisée. » Il y a un champ en lisière des bois et un homme qui y travaille. En m'entendant crier avec mon accent allemand, il pose ses patates avant de partir en courant. Moi, j'ai trouvé ma phrase.

Georges Wilson signe l'impeccable mise en scène initiale. La Pucelle et ses démêlés avec les Anglais ? Seiji Ozawa s'en moque un peu. Quand il me parle du moment où Jeanne se fait tirer dessus, je dois lui rappeler qu'elle est brûlée vive : « *Burned… not shot.* » Mais avec lui à la direction, l'œuvre de Honegger atteint une musicalité à couper le souffle. C'est tout ce qui compte à ses yeux, comme aux miens. Quand les chœurs disent : « Serpent, serpent », les langues semblent vraiment vous siffler aux oreilles à toute vitesse. On croirait que Seiji est l'auteur de l'œuvre. Il l'a saisie dans son entier. Il voit tout, il comprend tout. Et il m'aide si j'ai un doute.

Chaque soir, j'appréhende l'air de Jeanne chanté a cappella :

« *Un petit brin de vot'farine,*
Un petit œuf de vot'geline
Une petite larme pour Jeanne !
Une petite prière pour Jeanne ! »

Ozawa me souffle :

— Fais comme si tu cherchais les paroles d'une berceuse chantée par ta mère quand tu étais petite. Imagine que Jeanne essaie de se souvenir, elle commence par fredonner très bas, comme pour elle-même.

Si Jeanne cherche dans sa mémoire d'enfant, l'hésitation a toute sa pertinence au début de la comptine. L'idée est simple et magique.

Pour dissiper le trac, je me répète que, quoi qu'il arrive, mon sort sera toujours plus enviable que celui de Jeanne : je ne finirai pas brûlée. Certes, mais je frôle tout de même le drame en quittant Boston. Seiji et moi avons décidé de filer directement de JFK au Carnegie Hall, sans même déposer nos valises à l'hôtel, afin de nous faire une idée de l'acoustique. C'est la première fois que je mets les pieds sur la légendaire scène new-yorkaise. Nous répéterons à 17 heures pour la représentation du soir même. Conduite par le chauffeur venu me chercher à l'aéroport, j'arrive en vue du Carnegie Hall, un bus nous coupe la route et nous percute de plein fouet. Le chauffeur n'a rien, aucun blessé dans le bus, j'ai tout pris. J'ai la tête en sang, ça pisse, ça jaillit, j'en ai partout. Les secours déboulent pour m'hospitaliser d'urgence. Je joue trois heures plus tard et je sais que la tête saigne abondamment, même pour une blessure sans gravité. Je refuse de bouger de mon bout de trottoir, j'argumente :

— Je ne peux pas, je joue Jeanne d'Arc.

Alors là, les secouristes me croient folle. Mais j'insiste, qu'ils lèvent les yeux vers l'annonce au fronton de la salle, c'est écrit noir sur blanc : « *Tonight, Marthe Keller in* Jeanne au bûcher ». Je dois attendre un avocat pour signer une décharge, l'heure tourne, je vais bientôt entrer en scène. Un infirmier m'entoure la tête d'un gros bandage. J'ai juste le temps d'ajuster ma perruque dans la loge. Je n'ai pas mal, les médicaments sont là pour me shooter. Et que Dieu me protège ! Sur scène, j'entends vraiment des voix. Je récolte le prix de la meilleure interprétation féminine théâtrale de l'année du *New York Times*. Encore un accident qui m'a porté chance.

Seiji Ozawa et moi partons bientôt pour une tournée de six semaines au Japon. L'orchestre Saito Kinen est exceptionnel, les petites Normandes du chœur ont des franges aile de corbeau et des voix vraiment célestes. La salle est éclairée et, voyant les spectateurs baisser la tête plusieurs fois à mon entrée sur scène, je crois devoir les saluer en retour, avant de comprendre qu'ils lisent simplement les sous-titres de haut en bas.

J'admire Seiji Ozawa, j'aimais travailler avec lui, je n'oublie pas qu'il m'a ramenée à la musique après des années d'abstinence. Une fois, cependant, nous allons passer un sale moment ensemble. La Deutsche Grammophon a signé pour un enregistrement public qui aura lieu à la basilique Saint-Denis, sur deux ou trois représentations. J'ai toujours un trac fou quand je sais que des amis sont dans la salle, mais leur présence n'explique pas complètement ce qui va suivre ce soir-là. Au beau milieu de la représentation, submergée par la beauté de l'œuvre, je sens les larmes me monter aux yeux, et je me concentre si fort pour les retenir que j'en oublie le texte. Black-out. Impossible de savoir où j'en suis. Au théâtre, les blancs sont monnaie courante, on bidouille sans trop de mal une phrase acceptable ; les chanteurs, lyriques ou non, ont toujours la ressource de fredonner. Mais ici les musiciens ne vont pas s'arrêter en attendant que je retrouve mes esprits. Un truc pareil ne m'est jamais arrivé et je me demande à quelle station je vais pouvoir remonter dans le train, je me sens comme trahie par l'orchestre qui continue de jouer. Par chance, c'est un moment où Jeanne aussi est un peu perdue. J'en profite, je m'assieds et je pleure pendant quelques secondes, autant de dépit et d'angoisse que pour masquer le blanc.

Mes amis me rassurent après la représentation, ils n'ont rien vu. Mais Seiji déboule, très agacé, dans ma loge. Moi-même, je suis atterrée par cet incident et j'attends surtout son réconfort, une phrase du genre : « C'est bon, Marthe, ne t'en fais pas, tu as bien rattrapé le coup. » On s'est tout de même produits ensemble des dizaines de fois depuis sept ans, sans jamais la moindre défaillance de ma part. Face à ses reproches, je lance :

— Vous, les chefs, vous êtes des malades de la perfection, mais moi, je suis comédienne, j'ai des émotions, c'est nécessaire à mon métier. Et, dans l'émotion, ce genre de chose peut arriver.

Sans prendre le temps d'enlever ma robe de bure, je pars seule boire une bière dans un bistrot de Saint-Denis. Le lendemain matin, j'ai tellement peur de me tromper à nouveau au même endroit ; je veux me cacher, que personne ne me trouve. Seiji et moi sommes censés prolonger notre collaboration avec un nouveau projet. Blessée, je lui dis que j'y renonce. Et puis on se réconciliera, on ne reparlera jamais de cette affaire et on se lancera dans *Le Songe d'une nuit d'été*, de Felix Mendelssohn, à la Philharmonie de Berlin. Nous resterons amis à vie.

Pendant une décennie, j'interprète Jeanne dans toutes ses versions, en opéra avec mise en scène, en oratorio sans mise en scène ni décor mais en costume, en semi-stage, en lecture seule. En 1992, Kurt Masur reprend le spectacle avec l'orchestre philarmonique de New York, dont il est le directeur musical. Tout le monde craint Masur, il vient du Gewandhaus de Leipzig, il est un pur esprit classique, un prodige de la baguette, à l'allure impressionnante, au caractère peu indulgent. La chance voudra que nous nous entendions très bien. Au point de nouer des liens d'amitié si solides que nous retravaillerons ensemble pour *Perséphone* de Igor Stravinsky et *Psyché* de César Franck. Mais, à notre première rencontre, je reste prudente. Il me rassure :

— Je n'ai jamais dirigé cette partition de Honegger, je sais que tu connais l'œuvre par cœur, que tu sais où entrer. Tout se passera bien.

Trois répétitions sont programmées, durant lesquelles je suis à côté du chef. Il a placé Marguerite et Catherine au balcon, puisque leurs chants viennent des cieux. C'est le seul moment de l'œuvre où je ne peux pas compter sur l'orchestre, je dois me fier aux voix des deux sopranos qui chantent a cappella pour savoir quand dire ma réplique : « Ah, j'entends Marguerite dans le ciel, mélangée à l'exaltation des rossignols. » Mais je n'entends pas mes saintes. Je me tourne, coupable, vers Masur :

— Désolée, vraiment, je ne les entends pas.

— *You're lucky*, lâche-t-il.

Kurt Masur peut aller loin dans la férocité quand il veut vous amuser.

Le lendemain, à la fin de la représentation, l'ambiance n'est plus à l'ironie. Pendant une cinquantaine de secondes, et c'est long, le public reste suspendu aux dernières notes et aux derniers mots : « Personne n'a plus grand amour que de donner sa vie pour ceux qu'il aime. »

Masur et moi échangeons un long regard de communion dans ce silence absolu et, pour la première fois, il me semble que je suis ailleurs au moment des applaudissements, dans un autre monde, peut-être là-haut.

Le compositeur suisse-anglais Michael Jarrell me rend visite à Paris en 1993. Je savais qu'il était ami de Pierre Boulez et qu'il avait une œuvre en chantier, *Cassandre.* Il n'a rien à me faire écouter pour l'instant, me dit-il. Je suis troublée, hésitante. Tout ce que je ne connais pas m'excite. Je dis oui. En cet instant, j'ignore que je dis oui au projet artistique qui comptera le plus à mes yeux, le seul dont j'ose encore dire que j'en suis fière. Christa Wolf, elle, est une écrivaine d'Allemagne de l'Est que je n'ai jamais cessé de suivre depuis ma jeunesse. J'ai lu *Cassandre* dès sa sortie en Allemagne, en 1983. Au début du récit, on découvre à Mycènes celle qui a reçu d'Apollon le don de prophétiser et la malédiction de n'être jamais crue. La prisonnière d'Agamemnon n'ignore rien de sa fin prochaine. Dans ce temps qui la sépare de la mort, elle fait entendre, sous la plume de Christa Wolf, l'histoire des siens et de la guerre absurde, une voix d'une poésie et d'une intelligence irradiantes. En choisissant de mourir plutôt que fuir, *Cassandre* questionne autant qu'elle se dégage d'une histoire faite et pensée par les hommes, ce qui a valu à ce texte un intérêt particulier des féministes de tous pays. Le livret de ce monodrame en un acte – ou, comme Jarrell le dit, cet « opéra sans chanteur » – est une version brillamment resserrée par Gherard Wolf et traduite par Alain Lance. La partie électronique sera créée à l'Ircam. Les 18 musiciens seront dans la fosse. Pour illustrer la solitude de Cassandre, Jarrell ne veut qu'une femme sur la scène, face aux 2 000 spectateurs du théâtre du Châtelet. J'éprouve un plaisir énorme à savoir que ce travail sera insupportablement ardu.

À l'enregistrement de la première maquette provisoire, alors que j'ai encore le texte sous les yeux, je comprends que, sans mélodie, je n'ai rien qui me permette de faire coïncider les parties littéraire et musicale. Je n'ai rien à récupérer du côté de ma mémoire, pas une mesure. Rien ne rentre. Je ne suis pas censée parler sur de la musique, mais dire chaque mot sur une note. Et je n'entends que du bruit. Je vais m'enfermer dans mon chalet pendant un mois. Chaque jour, je branche en même temps l'aspirateur, le sèche-cheveux, j'allume la radio et la télévision, et j'apprends mon texte. Comparée à cette œuvre, *Jeanne d'Arc au bûcher*, c'était du cha-cha-cha. La musique de Honegger restait dans mon oreille comme une multitude de repères pour entrer avec le texte à la seconde près. Cette fois, mon ennemi numéro 1, c'est la musique. De retour à Paris, j'enregistre chaque répétition sur la scène du Châtelet, je la réécoute cent fois jusqu'à la suivante, le lendemain, pour connaître à l'oreille la partition note à note. Seul mon intellect fonctionne, je n'éprouve aucune émotion, entièrement absorbée par les difficultés à surmonter. Et puis, au fil du temps, plus encore quand je reprendrai l'œuvre, mon ennemie devient une amie. Mystérieusement, « ça » se fait. Tout à coup, la partition est familière, je reconnais des sons et j'en éprouve une joie infinie. Cette musique m'a paru aussi rugueuse et ingrate qu'elle m'apporte alors de bonheur. Les difficultés passées font partie du voyage.

Jarrell a une idée précise de ce qu'il veut faire entendre sur scène par ma voix : un « flux très rapide », toujours intelligible pour le spectateur, « des nuages de mots » qui diraient toute « l'intériorité » du personnage. Mais pour la mise en scène, les décors et les costumes, il me laisse carte blanche. C'est mon ami Stéphane Lissner qui dirige le Châtelet. Je lui dis que j'ai pensé à un proche de Christa Wolf, fils d'un chef d'orchestre et grand metteur en scène de Berlin-Est, Peter Konwitschny. Sur scène, j'ai été convaincue par son travail de mise en scène pour le *Barbe-Bleue* de Bartok et surtout le *Erwartung* de Schönberg. Peter accepte notre proposition, il viendra bientôt à Paris avec son décorateur attitré, Helmut Brade. Les deux hommes travaillent pour la première fois en dehors d'un pays de l'Est. Ils débarquent six mois avant la première représentation, alors que l'œuvre de Jarrell n'est pas tout à fait finie. Je connais bien les artistes de l'ex-RDA et leur méfiance, combien ils sont parfois susceptibles quand il s'agit de travailler avec les comédiens de l'Ouest. Je tiens à leur rendre la vie le plus agréable possible, en choisissant un hôtel simple et charmant, en leur achetant des carnets de tickets de métro et en organisant un programme de visites d'expositions. Un soir, je les emmène voir un ballet de Forsythe, suivi d'un dîner tardif. On répète chaque matin, je suis seule en scène et complètement crevée. Je me suis toujours tenue à la disposition du metteur en scène, avec l'idée de ne laisser aucune prise à ses a priori – la comédienne qui a joué à Hollywood, qui a la grosse tête et qui n'apprend pas son texte. Mais, ce soir-là, je n'en peux plus et je demande si on peut repousser la répétition d'une heure le lendemain matin. Konwitschny ironise :

— Ah, ah, ça commence, tu fais ta star ? C'est toi qui décides de l'heure des répétitions ? Aujourd'hui, tu t'es trompée trois fois dans le texte, ce n'est pas le moment de perdre une heure.

Fuck you. C'est tout ce qui me vient aux lèvres. Le type ne manque pas d'air, je connais mon texte des mois avant la première, et j'use de mille politesses pour obtenir une heure de sommeil sans le vexer. Je quitte le restaurant en pleurant. Une fois dehors, je me souviens que je n'ai pas payé ma part, je reviens jeter des billets sur la table, je sors de nouveau, persuadée que Helmut, le décorateur, va me rejoindre et avoir un geste d'apaisement. Rien. Le lendemain, j'ai le soutien total de Stéphane Lissner mais j'affronte seule les deux hommes. Alors que je suis déterminée à ne pas commenter l'incident de la veille, Konwitschny me dit d'emblée :

— Quand tu as pleuré hier, tu étais superbe. Je t'avais détruite, je peux maintenant construire.

J'ai toujours refusé les rapports de force, ce n'est pas mon moteur. Je n'ai qu'une seule montagne à gravir, le texte. Quand ils comprennent que l'aventure pourrait bien s'arrêter là, tout s'apaise d'un coup. C'est typique des rapports de force avec les hommes de Berlin-Est. Ils ont cherché mes limites et, si j'avais joué la victime, ils m'auraient bouffée toute crue.

Finalement, après quelques tâtonnements, la mise en scène est aussi réussie que le reste. Peter Konwitschny et Helmut Brade ont caressé l'idée d'un décor conçu autour d'immenses publicités pour des cosmétiques. Quand il voit ça, Lissner dit :

— C'est vieux jeu, on a fait ça pour *Hair* il y a quinze ans, c'est fini maintenant.

Alors tout est viré, et sur la scène subsiste seulement un tissu blanc qui change de couleur, selon les lumières de Dominique Borrini : jaune pour signifier le désert ; bleu, la mer ; rouge, le sang. Une ampoule descend des cintres qui incarnent Priam, mon père que j'engueule.

Comme un pauvre soldat, j'arrive couverte de dix couches de vêtements d'homme, d'immenses chaussures aux pieds, cernée de sacs en plastique. Je peux à peine marcher, au fil des fragments de texte j'enlève mes vêtements jusqu'à me trouver en chemisette. Et dans une main j'ai une pierre, une vraie pierre du jardin de mon père. Je me suis dit : *Allez, on va emmener papa*, et je ferme mon poing dessus, je m'y accroche.

Après la représentation du Châtelet, il y en aura une autre au Festival de Verbier et une vingtaine en Amérique du Sud, à Buenos Aires, Bogota, São Paulo, Rio. Là-bas, pour un spectacle de musique contemporaine en français et sur un texte d'une femme de l'Est, les salles sont pleines et l'écoute extraordinaire. À Verbier, avec la beauté des montagnes et la fréquentation des vaches dans la journée, on se demande pourquoi aller sur scène le soir. Il faut se botter les fesses. Et je repense alors aux commentaires d'Al quand je l'avais emmené visiter les loges de la Comédie-Française, si luxueuses en comparaison des placards inconfortables des théâtres de Broadway : « Si j'avais des loges pareilles, je ne monterais jamais sur scène. »

On m'a ramassée à la cuillère après la représentation du Châtelet. Je n'avais plus grand-chose à me prouver en termes de risques, de travail, d'exigence, de masochisme, peut-être. Il ne subsiste aucune trace de ce travail à ma connaissance, rien ne semble aussi fugace après un effort aussi douloureux. Quand on me proposera de reprendre le spectacle à Berlin en allemand, je refuserai. Le texte de Christa Wolf adouci par sa traduction française sur la musique de Jarrell, j'y ai toujours cru. Mais en allemand, c'est *too much*. Il faut bien ménager un peu les nerfs du public, et je pense qu'entre *Cassandre*, la musique contemporaine et la langue allemande, on frôle le pléonasme.

Depuis cette nuit bâloise où j'ai dansé avec un jambon, la musique est entrée en moi, pour me mener jusqu'à *Cassandre*, Ozawa, Masur. Et Waltraud Meier. Un soir où Claudio Abbado dirige Mahler, je quitte mon fauteuil après la première partie et je me glisse dans les loges, à la recherche de l'interprète des *Kindertotenlieder*, Waltraud Meier. Je lui dis :

— Comment est-ce possible, Waltraud ? D'où ça vient ?

Je parle évidemment de la beauté de son chant. De l'état dans lequel elle m'a plongée alors que tout le temps sur scène elle n'a pas esquissé le moindre geste. De ce transport qu'elle provoque et qui fait accepter l'idée de mourir sur-le-champ. Elle me répond :

— La psychanalyse, et Chéreau.

Les *Quatre Derniers Lieder* de Strauss me font le même effet. Je suis submergée par une tristesse qui me fait sourire. Je n'ai plus peur de la mort.

Un jour, je décide de parcourir les bibliothèques et les librairies à la recherche de partitions avec des textes parlés, des mélodrames. L'idée m'est venue de fil en aiguille grâce à *Cassandre* et à *Jeanne au bûcher*, que je promène aux quatre coins du monde depuis un bon moment. Et puis, je sais qu'un comédien qui attend la sonnerie du téléphone, c'est terrible : il se sent abandonné. Je veux éviter de sauter sur la première proposition venue. Mais si l'on est privé de travail, le feu s'éteint sans même qu'on en prenne conscience, alors, je me construis un territoire à moi, pour n'avoir jamais faim ni peur du vide. Et c'est le moment où je rencontre la pianiste Blanche d'Harcourt.

Aidées d'un musicologue, Blanche et moi mettons au point un programme piano et textes en allemand que nous pourrons transporter partout où l'on voudra bien l'accueillir. Wagner, Schumann, Schubert, Nietzsche, Strauss, pour la partie musicale ; Goethe, Rilke, Eichendorff, pour la partie littéraire. Nous testons l'ensemble dans le château de Blanche, devant un public d'amis et de connaissances. De châteaux voisins en petits festivals, nous sommes attendues à l'hôtel Beaurivage, à Lausanne. Un tourneur nous trouve des dates à travers l'Europe. Parfois insolites. À la gare de Nuremberg, valises à la main, Blanche et moi cherchons notre salle de spectacle. À l'adresse indiquée, on découvre un grand magasin, son escalator et, au premier, sa cafétéria. L'étage résonne des annonces pour les dernières Ray-Ban et les collants en promotion. Ça ne peut pas être là ? Si, il semblerait, puisqu'il y a aussi un vilain piano à queue laqué blanc sous des spots roses. Dans les cuisines de la cafétéria, changement de tenue, on enfile la petite robe du soir censée rendre tout un peu joli. On sent les pommes frites. On ose à peine se regarder de peur d'éclater de rire, quand une jeune femme nous annonce. C'est l'heure ! Par enchantement, le monde s'arrête : les caissières cessent de taper sur leur machine, les clients de la cafétéria de mâcher, les vendeurs de vendre. Tous sont là à nous écouter, et c'est magnifique. L'une de nos meilleures représentations. Bientôt, on s'envole pour le Japon. Et, un jour, ce spectacle nous mènera au Carnegie Hall.

Je n'ai pas toujours envie de me lever le matin, ni d'aller répéter, comme tout le monde, mais quand j'arrive au théâtre, si j'entends des instruments, mon énergie ressurgit, intacte. J'ai connu ça toute jeune dans les salles de danse. C'est un retour aux origines. Depuis mon périple avec Blanche d'Harcourt, des idées de lectures musicales me viennent tous les jours, et sous des formes toujours différentes. Récemment, je lis une phrase de Robert Walser dans le recueil de ses articles, intitulé *Ce que je peux dire de mieux sur la musique* : « Quelque chose me manque quand je n'entends pas de musique, et quand j'en entends, le manque est encore plus grand. » Et, plus loin : « Je trouve cela merveilleux dans une interprétation, quand une note va faiblissant, et qu'on désire encore plus la capter, qu'on tend l'oreille avec encore plus de ferveur. » J'imagine aussitôt un spectacle où je serais accompagnée par trois musiciens – clarinette, alto et un piano. L'écriture de Walser se révèle plus difficile à l'oral que je ne l'imaginais, il faut se la mettre en bouche, elle freine, les tournures sont inattendues, et la prose se laisse moins porter par la musique que la poésie, de manière générale. Dans un registre opposé, au studio de la Bastille, je raconte les amours de la belle Maguelonne et du comte Pierre de Provence entre des lieder de Brahms interprétés par un baryton, avec un pianiste pour accompagner. Philippe Jourdan, le directeur musical de l'Opéra Bastille, m'avait proposé de le faire. Le vocabulaire est désuet, l'histoire naïve. Dans un cas pareil, il ne faut pas vouloir être plus malin que le texte, ni manifester le moindre cynisme, mais se lancer presque à hauteur d'enfant.

Parfois, un musicien vient à moi, avec ses propres passions littéraires, et elles s'accordent aux miennes. Le pianiste Vincent Prezioso me propose de dire des poèmes de Pablo Neruda, accompagnée de ses musiciens colombiens et chiliens. Il y a Pacio, un grand guitariste colombien, aveugle. Je rencontre sa femme, une brillante universitaire. Je lui dis :

— Pacio, ta femme est tellement belle.

Il me répond :

— Il paraît.

C'est déjà de la poésie. Tous ensemble, nous nous retirons pendant une semaine dans la nature, près de Lausanne, pour le choix musical, et je dois faire une sélection parmi les 2 000 poèmes de Neruda. C'est « La Lavandière » que je lis le plus souvent ; il ensorcèle l'auditoire :

« *C'était la nuit, elle lavait, frottait, secouait,*
une seconde ses mains brillaient dans la mousse,
puis elles retombaient dans l'ombre,
vue de là-haut à la lueur de sa bougie,
elle était dans la nuit le seul vivant. »

Déjà, à l'occasion d'un petit festival près de Salzbourg, encore élève de mon école d'art dramatique à Munich, j'avais mis en espace les voix de femmes de *L'Homme sans qualités* de Musil, toute seule. Instinctivement, j'imaginais que cette lecture à voix haute m'apporterait davantage que de jouer dans une série B allemande. Je viens de là, des soirées littéraires à Berlin : quelqu'un se met au piano, un autre lit des textes et on y passe la nuit. Avec Pavarotti, toujours à Salzbourg, nous concevons un spectacle à partir des lettres de Mozart. Pour le Festival de Verbier, Ben Kinsgley me propose une lecture en anglais. Il a associé des poèmes, des extraits de romans, du journal, de la correspondance de D. H. Lawrence avec ses galeristes, ses éditeurs et sa femme, Frieda von Richthofen, que j'interprète. Je lis les Russes souvent, Marina Tsvetaïeva et Anna Akhmatova. Le compositeur Rodion Chtchedrine a composé une œuvre pour un pianiste, un ténor qui chante le texte d'Ossip Mandelstam, et pour une actrice, qui lit le requiem de la poétesse persécutée par Staline, Anna Akhmatova. Il y a une part de création dans ces assemblages et des possibilités infinies. À la Philharmonie de Berlin, je lis les sonnets de Shakespeare, en allemand de préférence. Le français est trop restreint pour ces sonnets, il y a trop de consonnes ; le français est trop beau, trop gentil pour Shakespeare, si terrien et si animal. Quitte à être traduits, les sonnets sont mille fois plus intéressants en allemand, c'est plus barbare, plus sauvage.

Une fois, je lis même un texte inédit. Après une interview à la radio, je reçois un mot d'un inconnu : « Vous aimez Tchekhov, alors je voudrais vous envoyer un texte, je ne suis pas écrivain, c'est ma propre histoire. » Je découvre *La Librairie Petrouchka*. C'est l'histoire d'un jeune homme fou des livres. Il consacre sa vie à la littérature. Il traîne dans une petite librairie d'Ascona, d'où l'on vient de toute l'Europe pour dénicher des ouvrages introuvables. La libraire est d'une érudition et d'une méchanceté sans pareilles. Un jour, le jeune homme ose lui proposer ses services, gratuitement : « Si vous avez besoin d'un stagiaire… » Durant un an, il subit des humiliations constantes devant les clients. Dans la boutique minuscule, il n'y a pas de toilettes. Elles se trouvent dans un petit local situé en face et ne ferment pas de l'intérieur. La libraire a pour habitude de demander à son souffre-douleur de venir faire le guet devant la porte quand elle y est. Un samedi matin, il l'enferme de l'extérieur, jette la clé, se rend à la gare de Locarno, prend un train pour Zurich, puis un vol pour Moscou. Il part le plus loin possible de son bourreau. C'est alors que le monologue commence, un an plus tard, quand le jeune homme s'interroge : la femme est-elle vivante ou morte ? Qui aurait pu l'entendre appeler au secours ? Et le monologue enchaîne sur une douzaine d'anecdotes farfelues qui se sont déroulées dans la librairie du temps où l'auteur y travaillait. J'ai lu ce texte au Festival de Monte Verità, le village voisin d'Ascona, devenu célèbre parce qu'il accueillit, dès le début du XXe siècle, une colonie végétarienne, les anarchistes russes ou les danseurs nus de Rudolf von Laban. Parfois, la rencontre entre le texte et le lieu fait partie du plaisir.

Aujourd'hui, j'ai mis au point une dizaine de spectacles que je promène dans tous les pays ou presque, puisque je peux lire dans de nombreuses langues. Je les reprends, les enrichis selon les lieux et les musiciens disponibles. Je suis toujours active, sans dépendre de personne. Pour une lecture, pas besoin d'effets ou de costumes coûteux. On est pris dans les bras par le texte. Tout est dans la préparation. Ma méthode ne varie pas. Des papiers dans les poches si une phrase me résiste. Où que j'aille, quoi que je fasse, je l'emporte avec moi, je travaille rigoureusement la diction, la ponctuation. Et si les inventions scéniques sont discrètes, elles n'en sont pas moins percutantes. Un jour, après une répétition à Berlin, Claudio Abbado m'emmène voir une actrice qui lit Hölderlin. Edith Clever est vêtue tout en noir sous la lumière. Quand elle enchaîne avec les poèmes de la seconde vie du poète, alors déclaré fou et interné, elle fait juste un pas en arrière, sortant du rond de lumière, et sa voix s'élève dans le noir. Inoubliable.

Pour ces lectures, il n'y a pas de captation. Le théâtre s'écrit dans l'eau. C'est sa beauté. Mais, à la longue, elles donnent une idée de ma bibliothèque personnelle, de ma fréquentation quotidienne des textes. Les échanges avec le public sont nourris de cette ferveur littéraire. Il veut savoir pourquoi j'ai choisi tel écrivain plutôt qu'un autre. Ce n'est jamais anodin. Je prends le risque d'être déçue si je ne parviens pas à faire partager un texte important à mes yeux. Je cherche toujours à toucher au plus près de la vérité d'un texte. Il en va ainsi quand il s'agit de Charlotte Delbo. Il y a une dizaine d'années, le 104 programme ma lecture d'*Aucun de nous ne reviendra*, l'un des textes majeurs sur Auschwitz. Je suis immobilisée depuis des semaines après une chute avec fracture du bassin et du sacrum, et toujours pas en état de marcher. Mais je ne veux pas annuler. Charlotte Delbo et ses compagnes ont enduré de telles souffrances, j'aurais honte de m'écouter. Ce soir-là, on me porte et on me sort de scène sur une chaise, dans le noir. Je ne reviens pas saluer. Les spectateurs partent dans le silence. C'est peut-être ce qu'il faut. La fois suivante, au théâtre de Vidy, Vincent Baudriller, le directeur, me rejoint dans ma loge :

— Ce soir, au premier rang, il y aura six femmes rescapées des camps. Elles ont toutes connu Charlotte Delbo.

Je suis effarée à l'idée de jouer devant elles. J'ai le sentiment de me mêler de ce que je ne connais pas. Si je verse la moindre larme pendant la lecture, je ne m'en remettrai jamais. Je n'ai plus qu'à me préserver de toute émotion – et la situation est tellement émouvante. Je devrai disparaître complètement derrière le texte, ne même plus y penser. Alors, sur scène, je le prononce, plus que je ne le lis, comme dans une langue dont je ne connaîtrais pas un mot. Après le spectacle, je rencontre ces femmes avec lesquelles je garderai des liens. Pour me marquer sa confiance, l'une d'elles sort de son sac à main un petit carnet qu'elle a rédigé en déportation et qui ne la quitte jamais. Sur la couverture en mauvais papier, je lis : « Camp de Ravensbrück 44-45 – Recettes de gâteaux ».

Le lancement de l'enregistrement de *Jeanne au bûcher* a lieu dans une Fnac parisienne. Au milieu du public, une main se lève :

— Vous n'avez jamais songé à faire de la mise en scène d'opéra ?

— Jamais, non, je ne sais même pas lire une partition.

Sept ans plus tard, j'entends la même voix au bout du fil :

— C'est de nouveau moi, Rudolf Berger, de l'Opéra du Rhin. Vous m'avez dit non à la conférence de presse, mais j'ai la certitude que vous pourriez faire de la mise en scène d'opéra.

— Je n'ai pas changé, vous savez. Je ne sais toujours pas lire une partition, je n'ai jamais assisté aucun metteur en scène.

Face à l'insistance de Berger, je promets d'y réfléchir. Je me tourne vers des amis qui s'y connaissent, Stéphane Lissner qui dirige le théâtre du Châtelet, et Hugues Gall, directeur de l'Opéra de Paris. Ils me conseillent de foncer.

L'un comme l'autre pensent que je n'ai rien à perdre. Si j'échoue, j'ai un métier auquel je reviendrai, je suis actrice, où est le problème ?

Je rappelle Berger. C'est bon, je suis d'accord pour mettre en scène *Le Dialogue des carmélites* – musique de Francis Poulenc et texte de Georges Bernanos. À peine ai-je signé le contrat qu'on m'informe : Arte soutiendra la production, la création sera filmée. Non, non, imaginons que le résultat soit catastrophique, on ne le saura que le soir de la première ! C'est de la folie.

— Ce sont les risques du métier, me répond Rudolf.

D'abord, je dois trouver quelqu'un pour m'épauler, un allié qui connaîtrait tout de la musique et de la technique scénique, un ami avec lequel parler des nuits entières de cet opéra. C'est Yves Lefebvre qui s'impose, il a toutes les qualités requises et j'ai une absolue confiance en lui. Nous allons souvent à l'opéra ensemble, nous partageons les mêmes goûts. Il accepte de jouer le rôle décisif de dramaturge. Je peux me concentrer sur le livret. Je sais que Bernanos a adapté pour le cinéma une nouvelle de Gertrud von Le Fort, *La Dernière à l'échafaud*, publiée en 1931. Après la mort de l'écrivain, ce travail a été utilisé pour créer *Le Dialogue des carmélites* sous forme de pièce de théâtre puis d'opéra. J'entreprends des recherches et découvre que Gertrud von Le Fort s'est elle-même inspirée d'un épisode historique raconté dans *La Relation du martyre des seize carmélites de Compiègne*. Apprendre que le livret repose sur une histoire vraie stimule ma réflexion. L'étincelle vient de l'appel d'un ami documentariste. Il me dit que Gertrud von Le Fort et Edith Stein étaient liées par une profonde amitié et une correspondance nourrie. L'une est protestante, l'autre juive. Toutes deux vont se convertir au catholicisme. Edith en 1921, Gertrud en 1926. Elles se rencontrent en 1931. Edith entrera bientôt au carmel, après avoir reçu l'interdiction d'exercer à l'université et de s'exprimer parce qu'elle est née juive. Éclairée par cette amitié, l'histoire de Blanche de La Force devient aussi prophétique car, en 1942, Edith Stein sera gazée par les nazis à Auschwitz. Le personnage de Blanche, surnommée par son frère « mon petit lapin », avait-il été ajouté à l'histoire pour symboliser une Allemagne en train de vaciller ? Évidemment, mon idée n'est pas de faire porter des étoiles jaunes aux carmélites ni d'afficher des croix gammées, il ne s'agit pas d'imposer une modernité au forceps, ni de créer des passerelles anachroniques. Au contraire, je parviens maintenant à imaginer un cadre intemporel, qui dirait le sort de toutes les femmes religieuses opprimées.

Ce sont les choristes qui ont le rôle-titre dans cet opéra. Lors des répétitions à Strasbourg, je découvre des filles extraordinaires et je me prends d'affection pour elles. Aux premiers jours du travail, je leur dis :

— Mon rêve, ce n'est pas le succès. Après ces six semaines ensemble, je voudrais qu'on devienne de meilleures personnes.

Je pense au dépassement que chacune de nous trouvera en se vouant vraiment à un travail collectif pour cette œuvre. L'atmosphère est particulièrement concentrée et sereine et ça tient aussi à des détails : à Strasbourg, on se déplace à pied, chacun arrive aux répétitions de bonne humeur, sans avoir souffert dans les transports en commun. On rit tout le temps. C'est plein de spiritualité, de gravité et de grâce mêlées, à l'image de Poulenc et de sa musique. Avec les chanteurs, j'essaie surtout de penser à la manière dont j'aime être dirigée, et c'est assez gratifiant pour tout le monde.

Comme prévu, la première sera filmée. J'offre à chacune des filles une teinture des cils.

— Parce que je sais que vous allez vous sentir comme des petits cochons sans maquillage, mais les religieuses ne sont pas maquillées. Celle qui aura le moindre trait d'eye-liner ne sera pas filmée en gros plan.

Le lendemain de la première, la catastrophe que je redoutais a été évitée. Et même mieux que ça. La critique de tous bords s'accorde sur des éloges, nous obtenons un prix, qui me laisse penser que je suis peut-être bien devenue metteur en scène d'opéra.

Le spectacle est demandé pour le festival d'opéra de Savonlinna. Survolant l'archipel finlandais, je vois le château à ciel ouvert du XIVe siècle où nous nous produirons. L'endroit est d'une poésie inspirante, mais comment faire sans le noir qui succède à la mort de la première prieure et qui lui permet de sortir de scène ? En juillet, à Savonlinna, la nuit se couchera bien après ce tableau. Madame de Croissy ne va pas se relever sous les yeux des spectateurs, et je ne peux pas non plus laisser son cadavre sur la scène jusqu'au final. J'interroge le chef :

— Est-ce que, exceptionnellement, l'orchestre pourrait s'interrompre quelques minutes ?

Jan Latham-Koenig est d'accord pour tenter cette expérience inédite. Le soir même, dans le silence, six religieuses viennent chercher le cadavre de Madame de Croissy pour le hisser sur leurs épaules. La scène prend une telle force que je garderai l'idée pour la représentation à Londres. Savonlinna, c'est aussi le pittoresque d'une arrivée en bateau avec toute la troupe en costume, puisqu'il n'y a pas de coulisses. Je prends des photos de religieuses escaladant les murs de la forteresse pour entrer en scène, sensible au grand écart entre la légèreté de la situation et la gravité des chants que ces femmes vont entonner.

Rien ne me touche ou ne me séduit davantage que les contradictions chez un même individu, l'honnêteté qu'il faut pour les admettre et la place qu'il y a pour toutes les émotions dans ce fameux grand écart. Après *Jeanne au bûcher* et *Le Dialogue des carmélites*, je dois bien m'avouer que, sur scène, peu d'auteurs m'ont rendu plus heureuse que Claudel ou Bernanos. Je viens du bord opposé, politiquement. Je crois en une force supérieure. J'aime m'asseoir dans les églises et je le faisais quotidiennement à New York, à côté du Met, avec le sentiment d'être protégée quand je mettais en scène *Don Giovanni*. Dans mon enfance, j'ai adoré l'enseignement religieux, les histoires de la Bible, et même fabriquer des saintes couronnes d'épines. Mais la messe et le catholicisme, je pensais m'en être définitivement éloignée. Bernanos et Claudel, leurs tourments, leur cheminement religieux et politique, la sincérité de leurs mots me bouleversent. Comme la musique de Poulenc qui traduit ses déchirements intérieurs : dandy, sensuel, gai, il est sombre aussi, comme la Vierge noire de Rocamadour qui lui inspirera sa musique sacrée, une musique qui me tire vers les profondeurs sans me plonger dans la tristesse. Quand je pense à ces hommes, j'entends Marion dans *La Mort de Danton*, de Büchner : « Ça n'a aucune importance qu'on trouve sa joie ici ou là, dans les corps, les images du Christ, les fleurs ou les jouets d'enfant ; c'est le même sentiment ; celui qui jouit le plus, il prie aussi le plus. »

Après avoir vu la diffusion du *Dialogue des carmélites* sur Arte, Plácido Domingo m'a proposé, dans son rôle de directeur artistique de l'Opéra national de Washington, la mise en scène de *Lucia di Lammermoor*. On se relevait à peine de l'explosion des Twin Towers, je me suis jetée dans la musique de Donizetti pour échapper à ce monde. L'intérêt du livret repose sur Lucia Ashton, jeune fille bien née, combative et fidèle, qui va sombrer dans la démence. « Il dolce suono », le célèbre « air de la folie » autorise chaque soprano à improviser. Elizabeth Futral ne parvient pas à se lancer aussi librement que je le voudrais. Je lui dis :

— Il faut y aller, cette fois.

Elle reste hésitante. Me souvenant d'Edith Clever, la comédienne qui m'avait fait si forte impression en lisant les poèmes du Hölderlin égaré, je demande aux techniciens de faire le noir complet. Et à Elizabeth, je dis :

— Fais-le pour toi, pas pour nous.

C'est gagné. La voix qui s'élève a trouvé sa folie. Je dis « Lumières ! » aux techniciens, et à la chanteuse :

— Maintenant, tu recommences.

Cette fois encore, c'est somptueux.

Toujours en pensant au noir, si troublant au théâtre, je propose d'innover à la fin de l'entracte. Plutôt que de faire entendre le signal habituel, je voudrais diffuser les premières notes lointaines de l'orage qui ouvrent l'acte III. Et puis, après un éclair, l'opéra plongerait dans le noir complet, pour de bon, juste avant que les spectateurs regagnent leur place. La direction s'y oppose. Les Américains sont sur les nerfs depuis l'effondrement des tours, ils paniqueront en croyant à une attaque terroriste.

J'oublie cette idée mais je ne lâche rien sur la direction d'acteurs. Je m'intéresse à chaque rôle dans le détail. Je constate de nouveau que les chanteurs aiment jouer, ils ne veulent plus se contenter d'être plantés sur la scène. Je les pousse avec des exercices qui donneront de l'épaisseur à leur personnage. Je veux qu'ils imaginent tout ce que le public ne verra pas et qu'ils le jouent pour moi. À Lucia, je dis :

— Tu as rendez-vous avec l'homme que tu aimes. Tu as été élevée comme un garçon. Tu traverses la forêt en pleine nuit, les branches des arbres te fouettent le visage, tu entends les cris des animaux. Tu n'as peur de rien, sauf qu'on te retrouve et qu'on t'empêche de suivre ta passion. Tu arrives en courant, à bout de souffle.

Et à son partenaire qui l'attend sur scène, je dis :

— Bien sûr, tu sais qu'Elizabeth va arriver à droite, mais ne tourne pas la tête de ce côté, car, dans la vraie vie, tu ne sais pas tout à l'avance, et c'est la vie que tu dois faire passer.

Avant, le chanteur n'avait pas pour habitude d'être attentif à son partenaire comme l'est un acteur qui doit jouer comme s'il n'avait jamais entendu le texte. Par réflexe, le chanteur guettait surtout le moment où il allait se lancer. Aujourd'hui, tous, ou presque, savent faire l'acteur.

Quand on songe à leur jeu, ne serait-ce que cinquante ans en arrière, on peut se réjouir de cette évolution. D'ailleurs, les opéras regorgent d'histoires anciennes sur les maladresses des divas, quand il ne s'agit pas de purs gags. Qui n'a pas entendu l'histoire de Montserrat Caballé dans *Tosca*, montant péniblement au sommet de la tour du château Saint-Ange et rebondissant sur le tremplin comme une balle jusqu'à la fenêtre d'où elle vient de sauter, du fait de sa stature imposante ? Ce jour-là, je n'étais pas dans le public, mais j'étais là quand, toujours dans *Tosca*, le fauteuil s'est écroulé sous la diva. Pavarotti s'est précipité pour l'aider, il a glissé et ils se sont retrouvés empêtrés au sol. Rideau ! À leur retour, ils étaient merveilleux mais c'était foutu, le public n'a pas cessé de rire jusqu'à la fin de la représentation. Quant à Pavarotti, il n'aimait que chanter, il se moquait bien de jouer. Il traversait la scène en regardant de droite à gauche, c'était le maximum qu'il consentait pour donner un peu de chair à son rôle.

Un an après l'opéra de Donizetti, Al Pacino est venu à la répétition générale du *Don Giovanni* que je mettais en scène pour le Met à New York. À l'entracte, il m'a dit :

— Ton Leporello, c'est un vrai acteur.

J'ai répondu :

— Al, *please*, viens le lui dire, il va être tellement content d'entendre ça de toi.

Quand j'ai revu René Pape en coulisses une heure plus tard, il m'a prise à part :

— Tu sais, ce que tu as fait en amenant Al Pacino dans ma loge, tu ne peux pas imaginer ce que ça représente pour moi, j'ai failli m'évanouir. J'ai eu un flash, je me suis revu ado à Dresde, quand on se débrouillait pour regarder *Scarface* et *Le Parrain* en cachette, ses films américains interdits derrière le rideau de fer.

Et René Pape fut qualifié de « phénomène » dans la presse américaine, tant pour son chant que pour sa présence en scène. Aujourd'hui, les chanteurs lyriques ont cette culture cinématographique qui ne leur permet plus d'envisager leur rôle comme leurs aînés. Leurs performances deviennent assez renversantes. À New York, toujours, j'assiste plus récemment à *Dead Man Walking*, de Jake Heggie. Joseph est dans sa cellule, attendant la mort. Je suis sciée de voir le baryton faire des pompes sur scène, à tel point que je les compte, 10, 20 pompes, sur deux mains, sur une main ; il prend une cigarette, il fume, et il chante en même temps.

Ottavio incarne l'homme idéal. Il est aristocrate, protecteur, bon, riche, éduqué, beau, il a tout et personne ne le prend au sérieux. Il donnerait sa vie pour Donna Anna. Mais elle lui préfère l'assassin de son père ! Le spectateur aussi se fiche bien d'Ottavio. Pourtant « Dalla sua pace », son aria, fait pleurer. Pourquoi ces coureurs de Mozart et Salieri ont-ils donné le plus bel air de *Don Giovanni* à Ottavio ? Mystère. Pourquoi Donna Anna, Zerlina, Elvira – toutes les femmes, les hommes aussi – préfèrent-elles le *bad boy* ? Il n'y a rien à faire, on préfère la souffrance à l'ennui. Est-ce que c'est ce qui donne le sentiment d'être vivant ? Est-ce qu'on est vraiment aveugle ? Est-ce que le bonheur endort quand le malheur réveille ? Est-ce que tout est plus fort dans la douleur que dans la joie ? C'est pour ne répondre à aucune de ces questions que j'ai intégré un mur en miroir au décor de ma mise en scène. Je veux que Don Giovanni s'y contemple dans toute sa complexité au moment de sa fin, mais qu'on s'y voie, nous aussi, spectateurs, dans nos propres contradictions.

Pour préparer *Don Giovanni*, j'ai lu tout ce qu'il m'était possible de lire, dans toutes les langues que je connais. Je me demande comment analyser un mythe. On peut analyser Casanova qui a existé, oui, mais pas un mythe. J'ai pris l'équivalent d'un livre de notes. Et puis je les ai oubliées. J'ai exploré chaque personnage en l'habillant de tous les adjectifs qui me passaient par la tête, comme je fais toujours pour un rôle. Et je me suis jetée à l'eau. Une eau plutôt fraîche. Au Met, en 2003, je suis une des premières femmes à la mise en scène, et j'ai affaire à des hommes assez sûrs de leur supériorité.

Je décide de travailler sur la simplicité, qui m'a guidée et m'a réussi dans mes précédentes mises en scène. La musique de Mozart sera toujours supérieure à toute tentative d'explication, quoi qu'on fasse. Trouver un concept novateur, mettre tous les personnages dans une pizzeria ou sur un court de tennis, ça peut marcher, mais ce n'est pas pour moi, je finis par trouver ces concepts un peu barbants quand je suis dans le public. Je me concentre sur le travail avec les chanteurs, sans jamais forcer. Avec chacun d'eux, j'ai des discussions afin qu'ils me donnent la vision de leur personnage. Je ne veux surtout pas de femmes qui se traînent à genoux sur la scène. Elles n'apparaîtront ni faibles, ni diminuées, ni victimes. Don Juan, c'est un fantasme féminin, dit Lacan. Certes, il y a un peu de masochisme à s'en éprendre, mais Zerlina ira vers lui. C'est elle qui laissera tomber sa chaussure pour qu'il la lui remette. Elle sera maîtresse de son sort. Je veux qu'elle se marie en ayant fait des provisions de sensualité, de piquant et d'aventure pour le restant de sa vie.

Comme toujours, mon copilote Yves Lefebvre m'accompagne dans la scénographie. Pour les lumières, je m'en remets entièrement à Jean Kalman, qui a éclairé tous les spectacles de Peter Brook. Michael Yeargan, le décorateur, est américain. Ses murs de briques glissent sur la scène en toute fluidité. Quand je veux savoir si mes idées ont la moindre chance d'être réalisées, je me tourne comme d'habitude vers Yves. Le Met est la plus grande salle d'opéra du monde et techniquement on n'a pas intérêt à se rater. On ne plaisante pas davantage avec les délais. La maquette des décors doit être prête six mois avant la première. Rien ne pourra être modifié ensuite. Pendant l'air du « Commendatore », Don Giovanni se verra descendre aux enfers dans le miroir. Je veux que ça aille à toute vitesse, comme la fin du monde.

Lors de la répétition technique en août, nous en sommes aux détails, je dis à Jean Kalman :

— Jean, tu pourrais me créer un effet comme une lumière qui explose et s'éteint, juste avant que le miroir disparaisse ?

Au même instant, la lumière s'éteint sur scène.

— C'est bon, Jean, c'est ça.

Mais il n'a rien fait. C'est tout le Met qui est en panne, nous dit-on. Le générateur est branché. En fait, non, c'est New York qui est plongé dans le noir. Plus moyen de bosser, on descend au café Fiorello. Les deux techniciens logeaient dans un hôtel en face de Central Park, dont les portes automatiques étaient bloquées. Des clients leur jettent des oreillers par les fenêtres pour qu'ils aillent dormir plus à l'aise à Central Park. Je repars du Fiorello une bougie chauffe-plat à la main, j'ai 27 étages à monter à pied. Au moment où je pousse la porte du palier, un courant d'air éteint la flamme. Je dois frapper à toutes les portes pour qu'on m'aide à repérer la mienne. La panne dure deux jours.

À la veille de la première, je suis interviewée par le *New York Times*. Le journaliste me demande quel sera le feu d'artifice de ma mise en scène.

— Mon feu d'artifice, c'est la musique de Mozart.

À un journaliste suisse qui me pose la question du trac, je balaie ça d'un revers de main. Faire ces métiers du théâtre ou du cinéma, c'est un tel luxe qu'il me paraîtrait un peu indécent de me plaindre. Sauver des vies, oui, c'est une responsabilité, mais rater une mise en scène de *Don Giovanni*, il me faudra bien m'en remettre si c'est le cas. Coup de chance, ce *Don Giovanni* va beaucoup plaire au public et à la presse. Je suis reconnaissante de cet accueil, mais je n'éprouve qu'un grand soulagement à l'idée que c'est derrière moi. Avec ce *Don Giovanni*, je n'ai jamais cessé d'avoir peur. À la vérité, je ne me suis pas sentie à la hauteur de cet opéra jusqu'au dernier jour des répétitions.

Et cette création va de pair avec une drôle d'anecdote qui en dit long sur l'état d'hypersensibilité où je me trouve après la première. Le lendemain, je vais au Met Museum avec un de mes amis, ancien galeriste devenu agent immobilier, mais toujours amoureux de l'art. Sur le chemin, il me fait une confidence, très personnelle, et qui me touche beaucoup. J'ignore ce qui me passe par la tête, mais je veux à mon tour l'honorer en lui livrant un secret, une chose que personne au monde ne saurait.

— Tu veux voir mes tableaux ? Il y en a un de moi au Met !

Mon ami devient blanc de surprise :

— Tu peins ?

— Viens, on va demander au gardien où est *Diva* de Marthe Keller. C'est un autoportrait.

L'homme nous guide au deuxième étage. Face au tableau, une huile abstraite très belle, mon ami se met à pleurer. Je suis affreusement honteuse de ma tromperie. Je ris, un peu gênée :

— Oublie ce que je viens de te raconter. C'est une blague. Cette Marthe Keller est une homonyme. J'ai appris son existence parce que je reçois souvent des appels pour elle.

Mon ami refuse de me croire. Je suis encore dans un état de tension maximale et je dois avoir un peu la grosse tête après l'accueil du *Don Giovanni* : inconsciemment je veux être au Met, Opera et Museum tant qu'à faire.

La suite me ramène sur terre. Dans *Le Monde*, un papier est sorti, signé d'un journaliste qui aime bien mon travail. Pendant l'heure qu'a duré notre entretien, je n'ai pas cessé de citer mon dramaturge, Yves Lefebvre, associé à toutes mes mises en scène d'opéra, et qui a participé à l'élaboration de la moindre de mes intuitions. À la parution, il n'y a pas une phrase sur Yves. Ses amis, qui sont pour certains les miens, sont indignés, et Yves ne veut pas croire que j'ai rendu constamment justice à son travail durant l'entretien. C'est un détail, mais cette histoire m'a rendue malade. Comme son nom n'était jamais cité dans la presse, je veux rendre hommage à Yves ici.

Au moment de tourner *Sur la route de Madison*, Clint Eastwood cherchait une Européenne pour jouer le rôle de Francesca. Nous étions quatre actrices en lice. Puis il avait oublié l'Europe et choisi Meryl Streep. L'affaire était pliée. Personne ne peut arriver à la cheville de Meryl Streep. Clint m'avait rappelée et dit :

— Un jour je trouverai un moyen de travailler avec vous.

Pour *Hereafter*, il tient parole en m'offrant un rôle secondaire, intéressant néanmoins ; et tout ce qui compte, c'est l'expérience avec un réalisateur aussi atypique. Le docteur Rousseau est inspiré de la psychiatre Elisabeth Kübler-Ross, qui a initié une réflexion sur les soins palliatifs et l'acceptation de la mort. Je ne pense pas avoir décroché le rôle parce que je demande à Clint quel est son secret de longévité. Ce à quoi il me répond :

— *Work, work, work. You stop working, you get old.*

Plus tard, Clint me demande comment je lutte contre la peur de la mort. Je réponds Mahler, parce que c'est la résurrection. Je dis que Mahler m'adoucit. Qu'à l'écouter, je me dis que la mort ne peut pas être aussi tragique. Mahler a l'air de convenir à Clint. Je parle aussi des *Derniers Instants de la vie* d'Elisabeth Kübler-Ross : ce livre m'a beaucoup aidée à la mort de ma mère. Au bout du fil, je l'entends me dire :

— Vous avez le rôle.

Le premier jour de tournage, on est toujours un peu tendus. J'ai une scène assez longue, huit pages de texte, avec beaucoup d'expressions scientifiques. Une semaine plus tôt, on m'a dit qu'on tournerait une première moitié en extérieur, à Chamonix. Pour la seconde moitié, ce sera en studio à Londres, deux semaines plus tard. Je connais parfaitement les premières pages concernées. Au maquillage, un technicien vient me voir :

— Est-ce que tu peux faire toute la scène maintenant, ici, le cadre est tellement beau ?

— Bien sûr, pas de problème.

Intérieurement, je me liquéfie. Comme toujours, je joue la carte du fatalisme. Après tout, c'est juste un film : si ça ne va pas, on recommencera.

Sur le plateau, Clint me dirige :

— Tu descends ce chemin, en bas il y aura une terrasse de café, une table avec une tasse et une théière, tu te sers.

— Ah bon ? Mais le thé est là avant que je le commande ?

— Peut-être que tu prends ton thé tous les jours à la même heure ?

OK, je ne vais pas jouer l'emmerdeuse. Clint n'est pas un adepte de l'Actors Studio, il ne se prend pas la tête avec ce genre de détail. Tout le monde est prêt, je repense aux quatre pages du scénario que j'ai lues sans les apprendre à fond, et je me dis que je ne vais jamais m'en sortir. Je n'ai même pas le texte sous la main en cas de panne sèche. Je répète vaguement pour prendre mes marques, un peu comme pour une italienne. J'entends « *Cut* ».

— *You shot?* Tu n'as pas tourné la première répétition ?

— C'est bon, parfait, j'ai fait un champ et un contre-champ. Un gros plan sur toi. La scène est dans la boîte.

Je dis à Clint :

— Je n'ai même pas joué la scène.

Il me répond :

— Tant mieux.

Je découvre qu'il déteste « faire et refaire un plan ». Il s'ennuie vite. Il n'apprécie que la surprise de l'instantané. À 14 heures, le tournage de la journée est bouclé, tout le monde est à table.

Plus tard, Peter Morgan, le scénariste, qui a aussi écrit *The Queen*, *The Crown* et *Le Dernier Roi d'Écosse*, me racontera qu'il est venu trois fois sur le tournage en début d'après-midi. Trop tard, il n'y avait plus personne. Clint a besoin de rapidité. Il a tourné *Million Dollar Baby* en trois semaines. S'il n'y a pas d'acteurs dans une scène, juste des paysages ou des décors, il ne se déplace pas. C'est l'équipe qui s'en charge. Eastwood travaille toujours avec les mêmes techniciens, lesquels l'attendent de film en film sans jamais chercher de boulot ailleurs. Clint n'est pas un grand bavard par nature ; avec eux, il n'a plus besoin de parler. Ils organisent le tournage pour qu'il en fasse le minimum et lui témoignent une confiance aveugle. C'est aussi un acteur qui comprend tout de ceux qu'il dirige. Avec sa méthode, j'ai joué ma scène sans même avoir le temps de penser au trac. Aux États-Unis, il est le seul ou presque à avoir le « *final cut* » et c'est aussi parce qu'il est rapide et qu'il travaille à l'économie. Il n'a pas volé sa réputation d'homme libre.

Deux jours plus tard, le boulot est fini. Clint me propose de prendre le même vol que lui. Le petit jet vient quasiment nous chercher dans nos chambres d'hôtel à Chamonix, Cécile de France et moi. Je retrouve Clint dans l'engin, avec une productrice qui ne me dit vraiment rien. On meuble la conversation sur le thème de « la première fois ». Je demande à la femme, ne m'attendant à rien de palpitant :

— Quel est le premier film que vous ayez produit ?

Elle me répond :

— *E.T.*

On survole le lac de Genève, je pense qu'on va atterrir pour enchaîner avec un avion de ligne. Le pilote ne descend pas, on débarque dans un aéroport du 15e arrondissement de Paris, réservé aux sommités du monde politique en général. Une limousine blindée et aux fenêtres fumées attend chacun de nous. Le chauffeur me demande mon adresse, que je donne. Puis je me corrige :

— En fait, je dois passer faire des courses au Franprix.

La limousine se gare pile devant le magasin. Dix minutes plus tard, je suis à la caisse avec mes poireaux.

C'est ainsi que je conçois ma vie d'artiste, passer du jet de Clint Eastwood aux poireaux du Franprix pour la soupe du soir. Jeune, j'espérais bien gagner ma vie avec ce métier et ne jamais renoncer à prendre le métro. Je ne voulais même pas avoir à me poser la question. Dans ce métier, nous sommes plus nombreux qu'on ne le pense à voir les choses ainsi. J'aspire à être pleinement reconnue pour mon travail, mais je ne veux pas l'envers de la médaille. Quand je vois Tom

Cruise signer chaque autographe avec la même patience, un gentil sourire aux lèvres, je suis épatée. Je me demande comment il tient le coup. En Italie, pendant le tournage de *Bobby Deerfield*, Al m'avait montré une valise bourrée de perruques qu'il traînait pour ne pas être reconnu dans la rue. J'avais éclaté de rire, et il n'a jamais eu à se déguiser pour se balader là-bas, à cette époque. Je ne suis pas sûre que ce soit encore le cas. En Amérique, le public est bien plus envahissant qu'en Europe. Il vous touche, vous embrasse et vous serre dans ses bras. J'ai connu des vedettes qui détestaient ce genre de démonstrations dans leur jeunesse et qui courent après en vieillissant, c'est vraiment le chant du cygne. Les autres continuent à emprunter des souterrains, des voies secrètes pour sortir des théâtres où elles viennent de jouer.

J'ai vu faire Jean Rochefort avec ses admirateurs à mes débuts, et c'était un moment de grâce. Il parlait avec chacun d'eux, restant lui-même, d'une extrême courtoisie et un poil ironique. Pour s'amuser, il saluait les curieux dans la rue comme un roi ses sujets. Si on le confondait avec un autre, un classique du genre, et qu'il entendait : « Oh, monsieur de Funès, vous me signez un autographe ? », il le faisait. Ce jour-là, l'admirateur suivant avait persisté et Rochefort avoué : « Je ne suis pas de Funès. — Tant pis, vous pouvez signer "de Funès" quand même. »

Catherine Deneuve déjeune seule en terrasse au coin de sa rue sans qu'un paparazzi vienne l'importuner, elle a imposé ses règles, son éducation. Greta Garbo a arrêté de tourner à 36 ans pour marcher dans la montagne et aller voir des expositions en toute tranquillité. Elle me faisait rêver. J'étais émue par ce retrait, par son caractère farouche. Marlene Dietrich s'est retirée aussi, pour d'autres raisons, mais elle avait besoin de savoir que des journalistes étaient constamment cachés dans les arbres en face de ses fenêtres à guetter son apparition la plus furtive.

Même si je ne suis pas toujours à l'aise avec les compliments, j'apprécie d'échanger avec des spectateurs après une pièce, je veux garder le contact avec la vie. Mais la notoriété et la vie publique sont des terrains glissants, changeants, on doit composer tout au long de sa carrière avec les émotions contradictoires suscitées par l'intérêt de nos semblables. Récemment, avec Al Pacino et Johnny Depp, la table de notre dîner est cernée par les gardes du corps et un climat de surveillance un peu hystérique. Le lendemain, je dis à mon fils que c'était vraiment dingue et amusant cette soirée, mais que j'étais si heureuse en sortant mes poubelles le matin.

Dans *Amnesia* de Barbet Schroeder, Martha, l'héroïne allemande, s'est installée à Ibiza après la guerre, dans un paysage magnétique. Elle a décidé de ne plus jamais vivre dans son pays à cause des nazis, de ne plus prononcer un mot dans sa langue natale, de ne jamais prendre le volant d'une Volkswagen, de renoncer même à sa culture, elle qui est musicienne. Le film commence au moment de la chute du mur de Berlin. Jo, son nouveau voisin, est un jeune Allemand aussi, DJ à l'Amnesia. Ils se lient d'une amitié amoureuse, pudique et la plupart du temps silencieuse, mais deux générations les séparent et le rapport avec leur pays est au cœur de leur intimité.

Avec *Amnesia*, Barbet Schroeder n'a jamais caché qu'il s'était inspiré de la vie de sa propre mère. Son film le plus autobiographique recoupe aussi ma propre histoire familiale. C'est un peu effrayant au moment de s'engager. Barbet découvre ces croisements quand je lis le scénario et que je lui en parle. Cette idée lui plaît. La mère du jeune homme, en visite sur l'île, en veut à Martha d'avoir choisi cette terre idyllique plutôt que son pays, la fuite plutôt que d'avoir aidé l'Allemagne à se délivrer du fantôme des bourreaux. Elle dit en substance : « On est restés pour reconstruire notre pays pendant que vous étiez planquée dans votre île. » Et je pense à mon père, aux reproches de son frère. Je pense surtout à ma propre difficulté avec l'Allemagne, à mon malaise avec mes origines. La question de la langue allemande dont Martha ne veut plus prononcer un mot me hante aussi, quoique différemment. J'étais supposée travailler en Allemagne toute ma vie, je suis arrivée à Munich vingt ans après la guerre, j'y avais des amis hors du commun, qui affrontaient chaque jour ce conflit intérieur, cette culpabilité. Celle dont j'ai hérité bien que mon père soit parti si jeune et dans des conditions difficiles, se coupant des siens. C'est un sujet qui met à nu mes contradictions. J'aime l'allemand, j'ai l'impression de chanter quand je parle dans cette langue. Mais je préfère la parler à l'étranger. Et pourquoi cette colère qui ne faiblit pas contre le *schwizerdütsch*, contre ses inflexions chantantes qui montent et qui descendent, comme notre paysage, alors qu'on ne peut comparer les petites lâchetés d'un pays neutre et les crimes de l'Allemagne ? J'adorais parler le dialecte alémanique avec ma mère, et j'y reviens sans même m'en apercevoir avec les nourrissons ou les bêtes, parfois aussi quand je suis bouleversée. J'ai pourtant refusé dès mes débuts au cinéma de prononcer une réplique en *schwizerdütsch*. À l'adolescence, avec l'indulgence de mon âge, je jugeais cette langue idiote. Il y avait un peu de honte là-dedans à l'époque. Et on touchait à mon manque d'assurance, à mes doutes profonds : si je maîtrisais facilement une langue, si elle ne me coûtait aucun effort, alors elle ne valait pas grand-chose. En allemand, j'ai tout de suite adopté l'accent chic des Berlinois. Et dans mes souvenirs subsiste l'enchantement que j'éprouvais, enfant, quand je croisais des petits Français dans la rue, que je les écoutais en rêvant de parler comme eux. Ma propre langue me rappelle encore aujourd'hui l'ennui écrasant des banalités échangées chez le boulanger. Et si je l'entends dans le train de retour d'un séjour à Bâle, je change de place. Mon truc ne va pas. Cette allergie est injustifiable. Mon psy dit que ce n'est pas la langue qui me pose un problème, ce sont les gens qui l'utilisent. Ceux que je vois encore soulever les rideaux quand une voiture se gare sous leur fenêtre, ou vérifier que vous avez bien balayé les feuilles mortes devant votre porte. Cette langue m'évoque alors immédiatement l'enfermement, quelque chose d'étriqué, de mesquin. Comme l'idée d'être enfermée dans la conjugalité avec un con. Et j'ai l'impression que je deviens méchante, injuste. Surtout aujourd'hui, où je m'avoue n'avoir jamais voulu être autre chose que suisse.

Durant un stage à Lausanne, je découvre treize jeunes gens de Suisse romande, déjà acteurs professionnels. Quand j'enseigne, je n'ai pas de règles, pas de méthode préétablie, la plupart du temps je vois le groupe devant moi et une idée se présente à mon esprit. Le premier jour, nous échangeons librement sur le métier. L'inquiétude des jeunes comédiens, c'est de ne pas travailler régulièrement. J'évite de me prendre en exemple, mais je leur raconte comment les lectures avec musique m'ont protégée de cette appréhension. Je leur dis :

— Il ne faut pas penser théâtre uniquement. Allez lire dans les hôpitaux, dans les prisons. Vous n'aurez pas peur. Il n'y aura pas de critiques pour vous descendre. Vous vous ferez du bien en faisant du bien aux autres. Créez d'abord pour vous.

Et je leur annonce le thème de réflexion de la quinzaine : « Que faire quand on est comédien et que le téléphone ne sonne pas ? »

Pour commencer, je leur demande d'apprendre chacun une courte scène de Tchekhov, n'importe laquelle.

— Dès demain, je veux vous entendre dans du Tchekhov, de cette manière j'apprendrai de mon côté à vous connaître.

Et c'est là que l'aventure commence. Le lendemain, la première élève à passer n'est pas très à l'aise dans sa scène. Je lui demande :

— Tu connais une autre langue ?

— Oui, je suis bilingue français-anglais.

— OK, improvise pour traduire à peu près ta scène et la jouer en anglais.

Tout à coup, la voix descend, la fille respire, elle est formidable. Je lui conseille de jouer le plus souvent en anglais, c'est sa langue.

Une autre prend la parole :

— Mon père est portugais. Je maîtrise parfaitement cette langue. Je peux faire ma scène en portugais ?

Pendant deux semaines, on a plus ou moins oublié le thème initial, on a répété *Les Trois Sœurs.* Treize scènes en treize langues différentes, ou presque : anglais, français, allemand, portugais, arabe, grec, italien, langue des signes, *schwizerdütsch*. Et même en latin. Une participante a appelé un de ses profs qui lui a traduit la scène en une nuit. C'était une expérience extraordinaire.

Entre deux scènes, ces jeunes gens étaient curieux de tout. Je leur racontais :

— On a tellement de vies quand on joue, je me suis mariée si souvent au cinéma, j'ai tué tellement de gens, je n'ai pas eu besoin de le faire dans la vie. J'ai pris des cours de cuisine avec Hélène Darroze, pour un rôle de chef, j'ai appris à jouer du piano pour incarner une pianiste, à danser le tango…

Je leur explique aussi à quel point ce métier est physique. Il nécessite de contrôler son corps.

— J'apprends mieux le texte si je me nourris sainement. Le corps, il ne faut pas le maltraiter.

Je leur dis que j'envisage de faire une lecture de textes sur la marche, qui m'est vraiment nécessaire. C'est le moment où, dans ma tête, je me mets à déchirer la phrase en petits lambeaux pour mieux la digérer. Je les amuse en leur disant que j'adore être en avance dans ma loge, mais si le chef d'orchestre ou le metteur en scène m'agace, j'arrive au dernier moment. Si j'arrive déjà maquillée au théâtre, c'est mauvais signe. Je leur parle de la légère dépression qui s'insinue en moi l'après-midi, avant la représentation. Et je leur dis que j'ai besoin de cet état, de marcher, de ranger ma maison, jamais aussi propre que quand je joue.

— Je suis dans une demi-vie.

La plupart des élèves de ce groupe, une dizaine de filles, sont devenues mes amies, une famille. Je ne peux pas aller en Suisse sans les voir. Mais le plus étonnant, c'est la manière dont elles ont mené leur vie d'artiste. L'une d'elles dirige maintenant le théâtre de Montreux et elle fait jouer les actrices du groupe dans ses productions. Si une fille ne peut pas assurer un engagement, sa copine la remplace. Durant le stage, je leur avais dit « Apprenez des langues étrangères », elles étaient véritablement à l'écoute. Une autre est partie en Angleterre aussitôt après notre stage pour perfectionner son jeu en anglais. Une troisième, d'origine uruguayenne, Claudia Gallo, a créé une association pour les enfants des rues, parallèlement à son métier d'actrice. Elle a commencé par accueillir dans une salle ces gamins sans papiers, souvent orphelins. La police ne voyait pas ça d'un très bon œil, elle a tenu bon. Au début, elle leur enseignait le théâtre, le dessin. Les élèves voulaient tous épouser la maîtresse quand ils seraient grands, tellement elle est jolie, et ils ont appris le français pour lui faire plaisir. Puis elle a obtenu un partenariat avec une chaîne de magasins de sport, ils lui ont fourni le matériel nécessaire pour des cours de natation, de kickboxing. Elle a créé un foyer pour loger ses protégés. Et elle a fini par les faire tous intégrer à l'école communale du coin.

Durant la dernière décennie, entre le cinéma français, les séries anglo-saxonnes, les lectures musicales, je n'ai jamais eu le temps de m'ennuyer. Satisfaite de mon sort, je n'attendais rien de particulier. C'est quand Sandra Gaudin m'a proposé un rôle que j'ai compris à quel point j'avais de nouveau envie de me faire peur avec le théâtre. Je n'avais rien vu des précédentes créations de Sandra Gaudin, et le texte auquel elle s'était attelée, inspiré d'un projet inachevé de John Cassavetes, était loin d'être encore stabilisé. Je n'avais guère de références auxquelles me raccrocher pour m'engager, mais j'ai tout de suite sympathisé avec Sandra, une artiste exigeante, qui sait aussi être douce et bienveillante. Or, dans ce métier, il est une chose qui dépasse de loin l'hypothétique succès d'un projet, c'est le bonheur du travail bien fait dans une atmosphère stimulante, sans agressivité aucune, sans pression. Je me suis lancée.

Who Plays Who est une balade existentielle ponctuée de rencontres farfelues, adaptée de *A Woman of Mystery*, l'ébauche d'une pièce de théâtre que John Cassavetes a écrite pour sa femme, Gena Rowlands, et qui a été jouée à Los Angeles pendant quinze jours, puis interrompue par la mort de Cassavetes. La pièce n'a jamais été publiée. Sandra Gaudin a enquêté pour en savoir plus sur ce texte inédit, inexploré, puis elle a construit sa propre œuvre. Suivant sa passion, elle a mêlé cinéma et théâtre en réalisant un travail exceptionnel de vidéaste. Elle a aussi écrit la pièce en fonction des comédiens qu'elle voulait voir réunis sur les planches.

Difficile de savoir si la femme mystérieuse que j'incarne est une rêveuse ou si elle a perdu la raison ; une seule chose est sûre : elle n'accepte aucune limite à sa liberté. Ni l'argent, ni les liens familiaux, ni la gloire, rien ne saurait la soumettre. Elle arrive sur la scène vêtue en clocharde avec au bout du bras un cabas contenant huit millions de dollars en cash qu'elle ne veut pas dépenser. Sans doute faut-il y voir un lien avec les allusions à un enfant abandonné ou disparu. Tout est incertain dans la vie de cette femme, sauf son incroyable volonté de ne rien se laisser imposer, pas même un nom, pas même une identité. Le spectacle, avec ses cinq comédiens sur scène, est à cette image, tout en légèreté et pourtant solidement structuré, sans rien laisser au hasard.

Au cours de cet été 2023, au bord du lac Léman, alors que nous répétions, des impressions très anciennes sont revenues à la surface de ma conscience pour donner un nouveau sens à mon existence, ou peut-être un sens que je lui avais donné depuis toujours, mais resté caché, même à mes propres yeux.

Quelques jours avant la première, lors d'une des répétitions, je suis censée adresser cette réplique à un agent de voyage : « Je cherche un voyage exotique. Vous savez, comme dans ces histoires à l'eau de rose où les filles se font séduire par un cheikh arabe. » Au moment de prononcer le mot « séduire », il ne passe pas mes lèvres. On peut parler de trou de mémoire ou chercher du côté de l'empêchement freudien, de la difficulté à prononcer le mot « séduire » à mon âge.

Dans mon vieil imper taché, face à mon partenaire qui fut aussi un de mes élèves, je sens le sol s'ouvrir doucement sous mes pieds. Impossible de trouver un synonyme à ce maudit « séduire » qui reste coincé dans un recoin de mon cerveau. Dans ses yeux, je lis l'hésitation : doit-il m'aider en me soufflant le mot perdu ? Doit-il s'abstenir respectueusement de venir au secours de son ancienne prof ? Le trou de mémoire, c'est ma hantise pour toutes les raisons que j'ai déjà évoquées. C'est ce qui pourrait me faire renoncer au plaisir infini de dire un texte sur scène. J'ai envie de fuir. Dans ma tête, je passe déjà en revue les horaires des prochains trains pour Paris. À peine revenue dans ma loge, j'écris à mon fils : « Stop ! J'arrête. Trop de stress. » C'est une longue histoire, ce souci de perfection qui me poursuit depuis la barre fixe et la danse. Alexandre me rassure, m'encourage, mais je suis secouée et, durant la nuit qui suit, dans mon lit, je me répète cent fois la réplique avec la peur de bugger à nouveau, cette fois devant le public. La peur est difficile à endurer dans un tel moment. Je pense alors à Jeanne Moreau. Selon elle, un acteur qui n'est pas saisi d'une profonde dépression à la veille d'une première sera incapable de porter son rôle au plus haut. Alors j'accepte l'angoisse, je me fais une raison, car, je le sais, je suis une optimiste qui voit tout en noir et le lendemain je suis sur scène où tout se déroule merveilleusement.

L'esprit de troupe, dont je ne me lasse pas, n'est pas pour rien dans cette aventure menée à bien. Mais il y a autre chose. Un je-ne-sais-quoi lié au retour aux sources. Cet été-là, j'ai fait la paix avec mon pays. Le calme retrouvé n'avait plus rien à voir avec l'ennui qui me révoltait dans ma jeunesse. Le bonheur consistait simplement à ne pas souffrir, à ne pas avoir mal. Je me suis dit que je commençais à m'approcher de la vérité, à comprendre ce que je voulais : il n'y a rien de plus beau que ce métier quand il est pratiqué dans la joie. Une joie que m'inspire désormais ma terre natale, où je peux faire des comparaisons en faveur du mode de vie helvétique si je pense à l'âpreté parisienne ou à l'Amérique de Trump. Où je concède que le respect de la nature, l'exigence de la scène théâtrale, la douceur de vivre, la bureaucratie facilitatrice, les sourires, les rapports civilisés, tout ça me plaît. Aujourd'hui, la Suisse me fait penser au Paris des années 1970, alors que Paris m'inspire la même tristesse en noir et blanc que Berlin-Est à la même époque.

Cet été-là, le matin, je me rends au théâtre en bateau ; à l'heure du déjeuner, je vois les techniciens avaler leur sandwich les pieds dans l'eau du lac Léman ; je suis logée dans un hôtel sans prétention mais au charme indéfinissable en bordure du Bain des dames, une petite plage enchanteresse où je me baigne chaque jour. Tout est tranquille. La régie a eu la gentillesse de me trouver le réchaud sur lequel je préparerai dans ma chambre les patates bouillies qui font mon quotidien quand je joue. J'ai besoin d'être seule, de faire ma cuisine comme à la maison, le soir après avoir répété. Il n'y a pas la télé ni de connexion internet dans la chambre, j'ai coupé avec les chaînes d'infos auxquelles je suis accro, les débats politiques français qui m'agacent si souvent, les reportages sur la guerre en Ukraine qui me retournent les sangs. Avant de m'endormir, je lis. Plus encore, j'écoute le bruit mêlé des paisibles conversations des dîneurs sur la terrasse, la valse discrète de la vaisselle, le clapotis de l'eau. Je suis transportée dans l'auberge de mes grands-parents, au bord du Rhin, là où les sensations les plus délicieuses se sont ancrées en moi, là où tout a commencé, la rêverie et le goût pour les histoires. Je retrouve un sommeil d'enfant.

Est-ce que j'ai fait le tour de ma vie ?

Œuvres de Marthe Keller

Films

2023	*One Life*, James Hawes
2022	*Tout le monde aime Jeanne*, Céline Devaux
2020	*Schwesterlein*, Stéphanie Chuat & Véronique Reymond
2019	*La Sainte Famille*, Louis-Do de Lencquesaing
	Wanda, mein Wunder, Bettina Oberli, Cooky Ziesche
2018	*L'Ordre des médecins*, David Roux
	The Witness, Mitko Panov
2017	*The Escape*, Dominic Savage
	On ment toujours à ceux qu'on aime, Sandrine Dumas
2016	*Miséricorde*, Fulvio Bernasconi
2015	*L'Économie du couple*, Joachim Lafosse
	Amnesia, Barbet Schroeder
2014	*Homo Faber (Trois femmes)*, Richard Dindo
2013	*La Marque des anges – miserere*, Sylvain White

2012	*Au galop*, Louis-Do De Lencquesaing
2011	*Page 8*, David Hare
	Mein bester Feind, Wolfgang Murnberger
	Les Géants, Bouli Lanners
2010	*Hereafter*, Clint Eastwood
2008	*Cortex*, Nicolas Boukhrief
	Bouquet final, Michel Delgado
2007	*U.V.*, Gilles Paquet-Brenner
	Chrysalis, Julien Leclercq
2005	*Fragile*, Laurent Nègre
2004	*Et la nuit chante*, Romuald Karmakar
2002	*Time of the Wolf*, Rod Pridy
1999	*Le Derrière*, Valérie Lemercier
1998	*L'École de la chair*, Benoît Jacquot
1997	*Nuits blanches*, Sophie Deflandre
	K, Alexandre Arcady
	Elles, Luis Galvão Teles
1996	*Pereira prétend*, Roberto Faenza
1994	*Mon amie Max*, Michel Brault
1993	*Jeanne d'Arc au bûcher*, Akio Jissôji
1992	*Turbulences*, Élisabeth Rappeneau
	Im Kreis der Iris, Peter Patzak
1991	*Lapse of memory*, Patrick Dewolf
1989	*Georg Elser – Einer aus Deutschland*, Klaus Maria Brandauer
1987	*Les Yeux noirs*, Nikita Mikhalkov
1985	*Rouge baiser*, Véra Belmont
	Joan Lui, Adriano Celentano
1984	*Femmes de personne*, Christopher Frank
1983	*Der Platzanweiser*, Peter Gehrig
1981	*The Amateur*, Charles Jarrott

1980	*The Formula*, John Avildsen
1978	*Fedora*, Billy Wilder
1977	*Black Sunday*, John Frankenheimer
	Bobby Deerfield, Sydney Pollack
1976	*Le Guêpier*, Roger Pigaut
	Marathon Man, John Schlesinger
1975	*Vertiges (Per le antiche scale)*, Mauro Bolognini
1974	*Toute une vie*, Claude Lelouch
	Seul le vent connaît la réponse, Alfred Vohrer
1973	*Elle court, elle court la banlieue*, Gérard Pirès
	La Raison du plus fou, François Reichenbach
	La Chute d'un corps, Michel Polac
1972	*La Vieille fille*, Jean-Pierre Blanc
	Un cave, Gilles Grangier
1970	*Les Caprices de Marie*, Philippe de Broca
1969	*Le Diable par la queue*, Philippe de Broca
1967	*Wilder Reiter GmbH*, Franz-Josef Spieker
1966	*Mes funérailles à Berlin*, Guy Hamilton

Scène

2023-2024	*Who Plays Who* (John Cassavetes) | Sandra Gaudin
2008	*The Stronger* (August Stringberg) | Stephen Wadsworth
2001	*Judgement at Nuremberg* (Abby Mann), John Tillinger
1997	*Kinkali* (Arnaud Bedouët), Philippe Adrien
1988	*Hamlet* (William Shakespeare), Patrice Chéreau

1986	*Don Carlos* (Friedrich von Schiller), Michelle Marquais
1985	*La Ronde* (Arthur Schnitzler), Helmut Lohner
1984	*Trahisons* (Harold Pinter) l Sami Frey
1983	*Les Exilés* (James Joyce), Andréas Voutsinas
1983-1986	*Jedermann* (Hugo von Hofmannsthal), Klaus Maria Brandauer
1982	*Emballage perdu* (Vera Feyder), Nelly Borgeaud
1979	*Les Trois Sœurs* (Anton Tchekhov), Lucian Pintilie
1970	*Un jour dans la mort de Joe Egg* (Peter Nichols), Michel Fagadau
	Tarnished Phoenix (David Herber Lawrence), Ben Kingsley

Séries

2021	*Marie-Antoinette* (saison 1), Deborah Davis
2017	*Les Romanoffs* (série), Matthew Weiner
2008	*Le Sanglot des anges,* Jacques Otmezguine
2007	*La Prophétie d'Avignon*, David Delrieux
1989	*The Nightmare Years*, Anthony Page
1981	*La Chartreuse de Parme*, Mauro Bolognini
1981-1983	*Wagner*, Tony Palmer
1972	*La Demoiselle d'Avignon*, Michel Wyn
1971	*Arsène Lupin*, Jean-Pierre Decourt

Mises en scène, réalisations

2003	*Don Giovanni* (Mozart)
2002	*Lucia di Lammermoor* (Gaetano Donizetti)
1999	*Les Dialogues des carmélites*

(Francis Poulenc, texte de la pièce de Georges Bernanos)

Téléfilms

2018 *Dévoilées*, Jacob Berger

2017 *Les Sources assassines*, Bruno Bontzolakis

2014 *La Vie à l'envers*, Anne Giafferi

2011 *La Résidence*, Laurent Jaoui

2009 *Sous un autre jour*, Alain Tasma

2008 *Le Sanglot des anges*, Jacques Otmezguine

2007 *Le Lien*, Denis Malleval

Dans l'ombre du maître, David Delrieux

2004 *La Nourrice*, Renaud Bertrand

2003 *Par amour*, Alain Tasma

2001 *Tout va bien, c'est Noël*, Laurent Dussaux

1995 *Belle Époque*, Gavin Millar

Tödliches Geld, Detlef Rönfeldt

1993 *Liberate mio figlio*, Roberto Malenotti

1992 *À deux pas du paradis*, Michel Vianey

1991 *Young Catherine*, Michael Anderson

1988 *La Ruelle au clair de lune*, Édouard Molinaro

Sueurs froides, Régis Wargnier

Una vittoria, Luigi Perelli

1987 *The Hospice*, Dominique Othenin-Girard

1986 *Die Frau des Reporters*, Heide Pils

1983 *Jedermann*, C. Rainer Ecke

1981 *La Chartreuse de Parme*, Mauro Bolignini

1975 *L'Aigle à deux têtes*, Pierre Cavassilas

1970 *Tango*, Jean Kerchbron

1969 *La Veuve rusée*, Jean Bertho

1966 *Corinne und der Seebär*, Thomas Engel

	Kein Freibrief für Mord, Karl-Heinz Bieber
1965	*Mariana Pineda*, Wilm ten Haaf
	Und nicht mehr Jessica, Falk Harnack
1964	*Der Trojanische Krieg findet nicht statt*, Franz Josef Wild
	Mein oder Dein, Franz Josef Wild

Voix

2011	Jan Karski (mon nom est une fiction), Arthur Nauzyciel – voix off

Court métrage

2019	*The Staggering Girl*, Luca Guadagnino

Autres

2012	*Concert Die Schöne Magelone*, Johannes Brahms
2000	*Cécilia*, Jorge Lavelli
1994	*Cassandre*, direction David Robertson
1994	*Cassandre*, direction Peter Kontwitschny
1999	*Perséphone*, Kurt Masur
1994	*Songe d'une nuit d'été*, direction Seiji Ozawa
1989	*Jeanne au bûcher*, direction Seiji Ozawa

Composition et mise en pages
Nord Compo à Villeneuve-d'Ascq

Pour plus d'information :

#lisez! engagé
www.lisez.com
Imprimé sur du papier issu de forêts gérées durablement.

Achevé d'imprimer par
Normandie Roto Impression s.a.s.
61250 Lonrai (Orne)
N° d'imprimeur : 2401758

Imprimé en France